自閉症児・発達障害児の教育目標・教育評価 2

編著 三木裕和、越野和之
障害児教育の教育目標・教育評価研究会

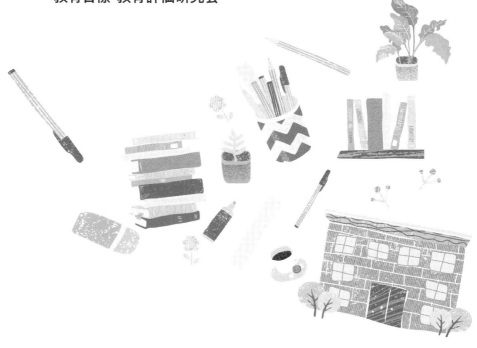

「行動障害」の共感的理解と教育

まえがき

　学校教育において、子育てにおいて、子どもが大きくなるにつれて、私たちはある種の迷いを感じる。それは「どこまで助ければいいのか、どこから自分一人でさせればいいのか」。平たく言えば、どこまで優しくすればいいのか、どこから厳しくすればいいのか。

　自立への道のりだと思えばこそ、心を鬼にして、子どもにつらく当たるときもある。

　「一人でできるはずだ。がんばるんだ」

　でも、実際にはそうはいかない。独り立ちなんて、簡単にはできない。自らの甘い期待に失望し、「甘えるんじゃない」という言葉がつい出てしまう。

　言い過ぎたなあという深い後悔。

　こんなことの繰り返しは、多くの人の経験するところだろう。

　堀田あけみという小説家がいる。『1980アイコ十六歳』（河出書房新社）で若くしてデビューし、ちょっとしたセンセーションになったのを覚えている。今は心理学の研究者でもあるのだけど、思春期女子の気持ちを書かせるとうまい。

　『十歳の気持ち』（佼成出版社）という、小学校高学年女子が登場する作品があり、これが読ませる。だんだん大人になっていく不安と興奮が描かれていて、そうか、こんな気持ちなんだなあと他人事ならずわかる。

　「誕生日のケーキに、十本のろうそくが立ったときは、うれしかったのに、大きくなるってことは、考えれば考えるほど、おもしろくない。おしゃれや男子の話ばかりしたがる友だち。男子のことで、ぜっこうだという、きえちゃん。素直にあまられない自分。何もかも大きらい」と本のカバーにある。

　友だちがオシャレや流行に関心をもち始め、異性への感情も複雑になり、どうも気持ちが落ち着かない日々。ある日、ひょんなことから、お父さんと二

まえがき　3

人でキャンプに行く羽目になる。父親と二人のキャンプなんて気が進まない。でも、一緒にたき火をしたりするうちに心が通い始める。日が暮れて足下が怪しくなり、お父さんが「手をつないで歩こう」と言う。もちろん照れくさいので、「手をつなぐなんて久しぶりだね」と返す。「赤ちゃんみたい」と言う。すると、お父さんはこう返す。

「手をつながなきゃいけなかったのは、歩けるようになってからだよ」

手をつなぐのは、子どもが歩き始めたとき。歩く前は手をつなぐ必要はない。自分一人で歩き始めるときこそ、大人は手をそっと差し出すものだ。父は娘にそう語る。

私たちの知る障害のある子どもたちも、自分の力で歩き始めようとするときがある。そのときこそ、手をつながなきゃならない。そう思った。

障害児教育の教育目標・教育評価研究会は、2012年春から鳥取大学を会場に、研究者と学校教員の共同研究を続けてきた。2014年からは対象を自閉症・発達障害に設定し、研究の深化をめざした。2014年から2017年の4年間、各年3回、計12回の合宿研究会をもった。特別支援学校教員、小・中・高等学校教員、福祉施設職員、大学教員（教育方法学、障害児教育学、発達心理学、障害児心理学）など、毎回30名前後の参加者が、主に鳥取大学を会場として参集した。その報告と討論をまとめたものが本書2分冊である。

第1分冊では、青年期と性教育、小学校の「ことば」の授業、特別支援学校の理科・社会科、青年期の「お笑い」の取り組み、子ども期の発達診断と授業実践など、主に自閉症の教育実践、授業づくりの可能性を追求した。あわせて、障害児教育学、教育方法学、障害児心理学、青年期教育学の研究者がそれに呼応する論考を寄せた。

第2分冊では、小学校特別支援学級、特別支援学校小学部、高等部、社会福祉事業所のそれぞれにおいて、行動上の問題で苦悩した事例を検討した。自閉症児者への共感的理解とは何かを集団的に議論し、問題提起を試みた。障害児教育学、発達心理学、障害児心理学の研究者がいわゆる「行動障害」を念頭に論考を寄せた。あわせて、発達相談、発達診断の経験から提言を収録した。

今回寄稿した人以外にも、報告・討論で活躍した人は多くある。その集団的研究活動がここに集約され、現代日本の自閉症児教育に正面から切り込んだ書物となった。そう受け止めていただければ幸いである。

　　　　　　　　　　　　　　　編集者、執筆者を代表して　三木　裕和

＊本書は、文部科学省科学研究費助成事業（学術研究助成基金助成金）基盤研究 (C)「自閉症児の授業づくりにおける教育目標・教育評価に関する研究 (15K04231)」の研究成果の一部を公開するものです。

自閉症児・発達障害児の教育目標・教育評価2
「行動障害」の共感的理解と教育＊もくじ

まえがき ——————————————————————— 3

総　論
……8

友だちが好き、先生が好き、授業が好き
自閉症教育の基本を振り返る
三木　裕和

特　論
……20

情動的共感を教育目標に
強度行動障害の理解と実践
別府　哲 ———————————————————————— 20

強度行動障害のある人に対する教育実践の現状と展望
赤木　和重 ———————————————————————— 36

実　践
……50

子どもたちが教えてくれたこと
木澤　愛子 ———————————————————————— 50

友だちが心に灯った時「ごめんなさい」のことば
大島　悦子 ———————————————————————— 63

要求を育み、楽しめる世界をつくり出す実践から学んだこと
黒川　陽司・大宮　ともこ ———————————————— 75

喜怒哀楽の「怒」から「あい」へ
吉岡　智奈里 …………………………………………………………………… 89

実践報告の解説とコメント
「行動障害」のある自閉症の理解と指導
三木　裕和 ……………………………………………………………… 97

報　告
教育相談の窓口から見た学校教育
西堂　直子

……103

特　論
子どものかわいさ・おもしろさをわかちあう療育実践
心理職はどのように加わることができるのか
内藤　綾子

……115

あとがき ————————————————————————— 132

総論

友だちが好き、先生が好き、授業が好き
自閉症教育の基本を振り返る

鳥取大学
三木 裕和
Miki Hirokazu

1. 自閉症教育における子ども理解

　重症心身障害児を長く担任してきた私にとって、自閉症教育のフィールドに移って感じた最初の違和感は、「子ども理解のアルファからオメガまで、すべて行動特徴で説明される」ということでした。

　「活動の始めと終わりがわかりにくく、次の活動に移れない」「集団活動で混乱しやすい」「自分のつもりどおりにならないと怒ってパニックになる」「感覚刺激に過敏で、偏食も強い」などです。そして、指摘される行動はすべて社会不適応行動です。それにもとづいて導き出される指導方針が、その行動をなくすこと、もしくは減らすこと、他の行動に置き換えること。それを通して自立と社会参加を志向することが教育とされていました。自閉症教育におけるこのトレンドは、ずっと続いているなあと感じます。

　よく使われているマニュアル本としては、『自閉症教育実践ガイドブック』『自閉症教育実践ケースブック』『自閉症教育実践マスターブック』[1]などがありますが、物理的な構造化、時間の構造化、活動の構造化、個別課題、自立課題、スケジュール、写真・シンボルなどのコミュニケーション支援など、多様なアイデアが提示されており、それらは多くの教育現場で採用されています。もちろん、研究と実践の蓄積で、指導内容・方法は多くの改善が試みられていますが、教育の考え方は先に述べたものが基本です。

　重症児教育では、こんな違和感を感

じることはありませんでした。重い運動障害と知的障害があり、医療的ニーズも高く、日常生活のほとんどが他者による介護で成り立っているとしても、人類の文化体系をこの子たちに伝え、その人生が豊かになるようにと考える。そういった教育原理が共通の感覚となっていました。障害からくる「問題」の軽減のみが教育であるかのような実践、例えば、リハビリテーションによる運動機能の向上のみが教育課題とされる傾向もありましたが、ごく一部だったように思います。

自閉症教育のこのトレンドは、自閉症が「行動障害」を伴いがちであり、それが家庭生活に深刻なダメージを与え、学校教育の成立を著しく困難にするという、せっぱつまった事情によるものなのでしょう。

この困難をよく承知したうえで、なお、自閉症児教育のトレンドへの違和感は残ります。おそらく、多くの教員も同じような違和感を感じています。それは、簡単に言えば「これって、ホントに教育なのか?」という根本的疑問です。

2. 情動の共有・共感を 軽視する傾向

自閉症教育について、教育目標・教育評価の観点から考え直してみようというのが本書の目的ですが、まず「情動の共有・共感を軽視する傾向」を取り上げてみます。

個別の指導計画や指導要録、また、研究授業の指導案など諸書類作成において、「活動の楽しさを味わう」とか、「教師との共感を大切にする」と書くと、「こういうものは目標にならない」と指導され、修正を求められる実態があります。教師の主観の混じらない、誰が見てもわかる行動を目標に掲げなさいという「客観的目標」の要求です。その論拠はおおむね次のようなものです。

①授業が楽しいのは当たり前であり、目標にならない
②子どもの主観を客観的に評価することはできないから、目標にならない

まあ、だいたい、このような理由です。でも、本当にそうなのでしょうか。

自閉症児が授業で「楽しい」と感じることは、そんなに簡単なことではありません。むしろ、楽しいと感じられる授業であれば、それだけで十分に価値があると言えるほどです。

自閉症児が活動を楽しいと感じるストライクゾーンは、決して広くはありません。感覚の過敏性から「不快」を拾いやすいという事情もあります。楽しい

友だちが好き、先生が好き、授業が好き　9

と感じているときでも快の表現が定型的でなく、傍からはムスッとしているように見えることさえあります。さらに、楽しい活動であっても、その受け止めにタイムラグがあり、かなりの間をおいてから、楽しさを表現することもあります。つまり、自閉症教育において「楽しさ」を実現するのは「当たり前」の容易さではなく、価値ある取り組みのはずなのです。しかし、その事情は顧みられません。

　主観を評価することができない、という主張も近年よく聞きます。確かに、子どもの「楽しさ」を数値で測ることはできません。「何かの行動指標を用意し、その行動が観察されれば、それは楽しさの証明である」という話を聞いたこともありますが、それは融通の利かないがんこな話です。人間の情動を理解しようとすると、どうしても誰かの主観を通すことになります。つまり、解釈が必要なのです。解釈をする人、学校教育の場合、それは主に教師ですが、誰かの主観を通したものは「科学性に欠ける」とする。この考え方が、自閉症児の子ども理解に窮屈さを与え、行動的用語のみで説明する道を開いています。

　「楽しいのは当たり前で、目標にならない」「主観を客観的に評価できない」という主張は、自閉症児の情動に教育的価値を認めないという点で一致します。

科学性の要求のように見えながら、実は、行動変容にのみ価値を置く教育観です。感情や要求をもち、幸福追求の願いをもつ主体として自閉症児を見るのではなく、その不適応行動を環境調整や構造化によって変容させ、マネージメントしようという教育観です。

3. 卒業研究で学生が 気づいたこと

　就学前療育機関にボランティアスタッフとして通い、卒業研究を続けている学生がいます。彼女がゼミで発言しました。

　「自閉症のターくんとだんだん仲よくなってきたんですけど、それで服の着替えがスムーズになったとか、トイレにすっと行ってくれるようになったとか、それはそれで大切なことだと思うのですが、日常生活行動の向上よりも、仲よくなることそのものが大事なように感じるんです。で、図書館で見つけた論文に興味をひかれました。」

　その論文は、別府哲さんの「自閉症幼児における愛着行動と他者の心の理解」[2]です。そこでは、自閉症児の他者理解において「情愛的絆を結ぶ愛着対象が大きな意味を持つことは否定できない」としたうえで、「自閉症児が特定の他者に愛着行動を行う場合、それは少

なくとも、他者をモノとは違う存在として捉えており、しかも他の人からその特定の他者を区別して理解していることは確かである」。さらに、愛着対象の形成は次のような時期を経るとします。

①快の情動を引き起こすための具体的行動を、愛着対象に求める時期（例えば、手足ブランコをしてもらい笑顔になる）。
②愛着関係の質が同じでも、その密着的接近を行う対象が母親以外に広がる時期。別個の「○○してくれる人」という形で愛着対象を広げたり、順位をつける対応が見られる。
③具体的行動を愛着対象に求める点は同じでも、自らの不安・不快を軽減、あるいは快の情動に転換するために求める場面が出現する時期。
④愛着対象に求める内容が質的に変化する時期。具体的行動を求めるのではなく、心的な支えを求めるようになる。不安な外界に立ち向かう安全基地としての役割を、愛着対象が果たしうる関係。

ターくんが、描いた絵を学生に見せに来るようになったことを思い出しながら、2人の関係がだんだんと安全基地の役割に近づきつつあることを、彼女自身が気づいていました。自閉症児において、

人間が「道具的安全基地」としてだけでなく「心理的安全基地」の質まで高まることを実感をもって理解しているようです。

私が感心したのは、この学生がターくんの行動問題だけに心を奪われているわけではないことでした。友だちに砂をかけたり、水遊びへのこだわりがあるなど、周囲を戸惑わせることの多いターくんですが、その「困った行動をなくす」ことではなく、むしろ、心を通わせることに喜びを見出しており、その発達的価値に勘づいていたことです。もちろん、子どもと仲よくなることは、それ自身、高揚感をもたらすものですが、それが自閉症児の発達にとって重要な力になると感じ取っています。多くの場合、障害児教育を志す学生たちは、子どもの情動が発達的価値をもっていることを直感的に感じ取っているように思います。

関連して思い出したのは、自閉症児の買い物学習です[3]。これは、現職教員大学院生の研究ですが、遠足のお菓子を買いにコンビニに出かけたときのこと。小学部の自閉症の男児と事前に買い物リストを決め、その計画通りに買い物を進めるべく出かけました。ところが、彼はお店に入るなり、「チョコレートを買う！」と強く主張。チョコは彼の好物なのですが、遠足に持っていくと暑さ

で溶けてしまう。で、「これは買わない」と事前相談をしていた。なのに、お店での強硬な主張が始まったということでした。しばらく続いた困惑とやり取りの末、師弟がたどり着いたのは「保冷剤を持っていくから」という解決策でした。遠足当日、彼はうれしそうにチョコを食べたそうですが、これには後日譚があって、後に、町の地図を描いたとき、道路脇にコンビニの絵を描き加えながら、この日の出来事をうれしそうに回想し語ったと言います。

　どの子どもにとってもそうですが、情動は認知を支える重要な力です。買い物行動の社会性のみが求められる学校教育ではなく、遠足のおやつを買うという経験が「先生との楽しかった思い出」として位置づけられることで、この学習は教育的価値を獲得したと言えます。

教育は、特段の意識をしなくても、子どもたちの情動を常に視野に収めています。情動が、世界と自己を認識し、行動の主体として生きるために不可欠な要素であることを認めています。むしろ、この動機を捨て去って教育に当たるためには、そうとう偏屈な「科学性」が必要とされるのです。

4. 機械的ストーリー、行動的ストーリー、心理的ストーリー

　イギリスの自閉症研究者であり、「心の理論」研究で有名なウタ・フリスさんが、その著書『新訂　自閉症の謎を解き明かす』[4]に興味深い研究結果を紹介しています。

　4コマンガを、ストーリーがわかる

図1　ウタ・フリス著、冨田真紀・清水康夫・鈴木玲子訳『新訂 自閉症の謎を解き明かす』東京書籍、2009年、168頁

ように並べ、そのストーリーを自分の言葉で説明するという課題です（図1）。結果は明瞭で、機械的ストーリーおよび行動的ストーリーについては、すべての自閉症児は問題なく理解していましたが、心理的ストーリーではそうはいきませんでした。知的能力が高くても、登場人物の心の読み取りができず、ストーリーの意味が理解できなかったと言います。

　自閉症児を知る人は「そうだなあ」と納得するでしょう。自閉症の子どもたちは、人間が介在しない機械的ストーリーをよく理解できるし、人間が登場しても、その行動を理解すればよいという行動的ストーリーも問題ありません。しかし、相手の心情や意図を推し測る必要が生じれば、ぐっと困難になります。

　さて、問題はここからです。この知見をもとに教育がどう展開されるかです。例えば、体育のサーキットトレーニング。自閉症児の場合、平均台を見れば「これは渡るのだな」とわかります。跳び箱があれば昇り降り、フープを見ればそれをくぐる、トンネルは這って通ると理解できます。自閉症教育が子どもの行動マネージメントに価値を置いている限り、基本的にこの考え方が実践を主導し、あとは「1周ごとにシールを貼る」などの強化が検討されます。行動マネージメントの効率性を重視した授業は、こ

ういう構成を志向します。

　こんな授業に価値がないとまでは言いませんが、しかし、ウタ・フリスが指摘した、最も苦手な「心理的ストーリー」が教育の視野に入っていません。むしろ、教育の世界では意図的にこの課題を無視する傾向があります。「だって、それが障害特性だから」という理由から、行動マネージメントの効率だけが競われたりします。子どもたちがサーキット運動をしているのを、周回コースの外から無表情で眺めていたり、行動の指示をしている実践現場を幾度となく見たことがありますが、気持ちのいい教育ではありませんでした。

　友だちや先生と一緒にピョンと跳ぶとか、1周したときにハイタッチをするなど、心理的ストーリーを意図した取り組みは豊かに用意できるはずです。もちろん、自閉症の子どもはそれが上手ではないのですが、「苦手だから教育の課題にしない」という立論で教育を続ければ、「障害特性」はますます強化されかねません。重症心身障害児に、直立二足歩行ができないからと言って「体に働きかけない」と考える教師はいないでしょう。苦手だからこそ、ていねいに工夫を重ね、根気よく働きかける必要があるのです。障害を理由とした「苦手さ」は、「金輪際できない」ということではないし、「本

友だちが好き、先生が好き、授業が好き　13

人がしたくない」ということでもありません。人間的要求はそこに潜在しています。この潜在的要求を捉えて教育を発想する必要があります。

　情動共有体験こそ大事なのだ。ここではそれを強調しておきます。

5. 石器を用いたヤシの実割り

　チンパンジーの研究を通して「人間の認識のあり方」を探求する松沢哲郎さんは、その著書[5]で、チンパンジーの子どもが、「石器を用いたヤシの実割り」を獲得する過程を記録しています。だいたい4、5歳で能力が獲得されるそうですが、それは次のような段階を経ています。

　第一段階は、観察学習。母親やおばさんが実割りをする様子をじっと見る。

　第二段階は、くずひろい。実割りの台石の周りにある割りかすを手に入れて食べる。

　第三段階は、親からの横取り。「親からもらう」というよりも、子どもがすばしこく横取りし、親はそれを許す。

　第四段階は、自分で割ろうとするが割れない。自分でしようとするのだが、うまくいかない。技術や道具が足りない。

　第五段階は、自分でも割るが、親からも横取りする。自分でも割れるものの、

技術が未熟で作業がたいへんであり、親からももらう。まるでままごとのような実割りが続く。

　第六段階は、ヤシの実割りの効率の向上。適当な種を選ぶ。種を台石に乗せる。割れた中から食べられる個所を選ぶ。次の動作のため、割りかすを掃き捨てる。

　長い期間をかけてこのプロセスが進んでいくのですが、記録を読んでいるとなぜかしら微笑んでしまいます。それは、私たちヒトに共通する営みを見つけるからでしょう。事実、松沢はヒトの集団でも同様の実験を行っていますが、「石器使用の発達過程はヒトとチンパンジーできわめてよく似ていた」と記しています。

　私たちがこの営為にあたたかさを感じるのは、どの段階においても、子どものはつらつとした能動性が認められるからです。その能動性は、当然のごとく試行錯誤を導き、その試行錯誤は豊かな失敗を導き、その失敗の過程には知的活動が内包されており、それが子どもに習熟性をもたらします。また、この営為の背景には親や仲間との共同性があり、子どもの失敗や誤りに対する寛容さが認められます。質的な違いはあるものの、私たちへと連なる「初歩的な共感」も感じることができます。

　目標に至る段階にはそれぞれ固有の

意味、価値があり、子どもたちはそれを楽しんでいるかのようです。過程は目標に従属するだけのもの、できるだけ効率的に進めるべきという感性は見られません。将来の自立のために現在を犠牲にする教育思想はチンパンジーにはないようです。

「正解」とされる行動を細かく分割し、マニュアル化し、それを反復学習するという教育方法が自閉症教育のトレンドとなっていますが、「目前の状況に対して特定の定式や方法を反復継続的に当てはまることができる力」だけを求めるのは教育とは言えないでしょう。

松沢さんの研究は、私たち、ヒトの学習がいかにあるべきか、そのヒントを提供しています。人間の学校教育を検討するさい、チンパンジーの学習プロセスをそのまま参照することはできないし、まして自閉症教育になぞらえるつもりもありません。しかし、ここには、学習と教育を考える契機がありました。

自らの遺伝子に内包されていない知識、技能をわがものとして占有し、自らをより豊かに成長させる過程には、次の要素が不可欠です。

①学ぼうとする姿勢、能動性が必要であり、
②試行錯誤や失敗のプロセスが必要であり、
③それが知的活動を促し、習熟性を用意するものであり、
④それを寛容に見守る集団が不可欠であり、
⑤その過程は、どの段階も固有の意味と価値を有するものである。

6. 教育目標・教育評価

さて、本書が基本命題として掲げている「教育目標・教育評価」とは、そもそも何でしょうか。いったい、教育は何のために行われるのでしょうか。自閉症教育のトレンドに見られる反復継続的な学習に違和感を感じるとき、教育の本来のあり方とは何かを考えざるを得ません。

教育は、人間の本質にもとづく二つの前提によって支えられています。第一は、文化的価値の体系（知識）を教え伝えなければならないという社会的要請です。第二は、人間個人の発達の可能性、能動性への信頼と援助の営みです。この二つの要因は、相互に関連しあい、支えあっていると同時に、時に、相互に矛盾し、対立するという関係にあります。社会からの要請が、個人には外的強制としての性格をもつこともあります。発達とは、そのような社会的要請を含む外

的環境と、個人の主体的発達との矛盾を克服する過程に他なりません。この矛盾の克服には、技術としての教育の成熟も必要ですが、そのおおもとは、人間をどう理解するかという人間観に強く規定されて展開するのです[6]。

自閉症や発達障害のある子どもたちの教育を考えるとき、社会的要請として何が求められているか、主体的発達はどのように構想されているのか、その両者の関係を見ていく必要があります。例えば、東京都教育委員会は、自閉症教育固有の教育目標を次のように説明します。

「一人一人の自閉症のある児童・生徒が、対人関係や社会生活に関わる行動について対応できるように必要な知識、技能及び習慣を養い、適切な支援を受けながら行動できる力を培うことを目標とする[6]」

自閉症児だけで編制する自閉症学級の教育課程、その中心をなす「社会性の学習」の目標が上記のように規定されています。自閉症の障害特性を踏まえて、環境調整や必要な支援を行ったうえで、とされますが、教育の目標は「対人関係、社会生活の行動」の形成です。「必要な知識、技能及び習慣」も「対人関係や社会生活に関わる行動について対応できる」ため、という従属的な位置づけと

なっています。

これは、自閉症の人が快適に暮らせるよう、社会的環境を整えようという文脈での話ではありません。教育の目的規定なのです。

子ども自身の発達の可能性、能動性への信頼に基いて、文化的価値の体系が伝えられ、それを身につける過程で人間的豊かさが獲得される、という教育の本質が損なわれています。自閉症の「社会性の障害」への着目が、「社会生活の行動」という目標の偏重を生んでいますが、それは社会的要請との関係でのみ自閉症を理解するという人間観に規定されているからです。この人間観、教育観に立てば、教師が題材、教材を選ぶとき、「これは社会生活の行動との関係で、どんな価値をもっているのか」という観点でのみ選びます。教材の教育的価値が揺らぐ理由はここにあります。

いま生きている社会条件の中で、自己を形成し、自己の基本的欲求を人間関係の中で実現する。その過程で全体的な人間的成長を志向するためには、伝えるべき文化的価値こそが重視されなければなりません。その視点で教材、授業が選ばれるのが自然なことです。どのような障害があっても、教育の目的としての普遍性をもつものです。

今、問われているのは、自閉症教育

がその価値を志向しているのかどうか、ということです。

7.「友だちが好き、先生が好き、授業が好き」

　9歳・10歳頃が発達の節目として重要というのはよく知られています。学校教育で言えば、小学校3、4年生頃で、自己客観視が始まる時期です。この自己客観視、セルフモニタリングは「自閉症児は苦手」と言われます。「心の理論仮説」で説明されるように、他者の心を直感的に把握するのが苦手という特徴が、自己を客観的に捉えることをも困難にしています。

　確かに、私たちの知っている自閉症児たちはそのような困難をもっています。でも、前述のウタ・フリスさんは、自閉症児の言語精神年齢が9歳・10歳頃に達したころ、「誤信念課題」を通過する自閉症児が一気に増えるという結果を報告しています。つまり、もともと「他者の心の中を推測する」のが苦手だった自閉症児も、この頃に、それがわかり始めるらしい。でも、それは直感的理解に支えられたものでなく論理的推測であることから、「実生活の、強い緊張を強いられる場面では安定が崩れる」し、「判断ミスに陥ることも多い[8]」と言い

ます。皮肉なことに、相手の感情や意図がわかり始めるこの時期に、社会的相互関係において新たな問題が生じるのです。

　これに関連して、別府さんは「高機能自閉症児の自己理解が、思春期にあたる中学生前後で変化する」、そして、その自己理解は「他者の心を推測できるようになることと関連してその発達が促進されると考えられる」とし、さらに、「それが自己否定感につながる場合が少なくない」と述べています[9]。社会性、社交性が高まるように見えるこの時期に、自閉症児はむしろ孤立感を強めています。

　知的障害のある自閉症児の場合はどうでしょうか。高機能自閉症と全く同じとは言えないものの、彼らにおいても、思春期の入り口は容易ではありません。この時期、行動障害が新たな展開を示す例が多くあるのです。厚生労働省「強度行動障害支援者養成研修」のテキスト[10]を見ても、思春期年齢への注目が記されています。知的障害が中重度の自閉症児において、行動障害が「大変だった時期は、特別支援学校中学部の時期から数が急激に増加し、小学部（あるいは小学校）の時期の3倍以上になり、高等部では5倍以上にまで増加しています」(pp.22-23)と述べています。

友だちが好き、先生が好き、授業が好き　17

行動障害の内容は「自傷・他傷・破壊・非衛生的異食、極端な固執行動など」などであり、家族にとっても本人にとっても危機的な状況と言えます。この時期に集中的に生起する原因を、同テキストは、自閉症の障害特性を前提として、「刺激や情報が偏ったり、分かりにくい、独特な形で入ってくる」という環境要因に求めていますが、環境要因は乳幼児期から続いているものですから、むしろ、それを受け止める子どもの側の変化、特に発達的変化を問題にしなければならないはずです。

自身が自閉症児の母親である佐藤良子さんの手記「『療育プログラム』が自閉症児のわが子の『心を壊した』のではないか?」[11]は、当事者の真摯な子育て記録です。「コミュニケーションブック、サポートブック、スケジュール、手順表、自立課題などに次々と取り組」み、知的障害のある自閉症の息子さんが「学校でも暴れたり泣いたりすることが激減し、離席せずに最後まで授業に参加するようになった」。しかし、中学生になって、「声をかけてもエコラリアしか返さず、目の前におやつを出しても『座って』『食べてもいいよ』と言うまで食べないような指示待ち状態で、排泄さえトイレに誘わないとおもらしする」ようになり、「就労体験から帰宅した次男は急にその

日に体験で着ていた体操服を洗濯中の洗濯機から取り出して着た。水をしたたらせながらリビングにやってきてキッチンの包丁を手に取り、私の方を見ながら、『くび、ほうちょう、ギコギコ!』と叫んで包丁を首に当てた。」「次男から『おれらしく生きていけないなら死なせてくれ』と言われているようで、本当に辛かった」と記しています。

時間的構造化、物理的構造化、視覚支援に懸命に取り組み、環境構成に腐心したにも関わらずこのような状態に苦しんでいます。この子どもの発達要求にどう応えるのか、人間らしい生活とは何なのかが問われているように思えます。

高機能自閉症においても、知的障害を伴う自閉症においても、この時期に共通する特徴は、対人的相互関係が質的に高まっており、新たな信頼関係を求めているということです。自己を客観視する力が育っている人もあるし、自己の生活を主体的に生きたい、受け身的な生き方はいやだと訴えている人もいます。友だちが好き、先生が好き、と心から感じたいという要求が高まっているのです。

自閉症教育においては「整理された環境で、口うるさく指示しない、静かな指導」、ジェントル・ティーチングが推奨されています。研究授業を見学しても、教師がほとんど発語することなく、

視覚情報のみで児童生徒の行動が指示されるという授業も珍しくありません。異様なほどに静かな授業は、情動的交流が教育目標から意図的に排除され、目標に向かって子どもの行動が淡々と組織されていくプロセスこそが教育だとされます。ここには「友だちが好き、先生が好き」という発達要求を受け止める余地はほとんどありません。

　対人的相互関係で人間への信頼を深め、自己肯定感を高めていくためには、情動の共有体験を豊かに蓄積していく必要があります。それは学校で言えば、授業であり、教育活動全体です。それが豊かに展開されることなしに、情動の共有も対人的相互関係医の発展もありません。行動マネージメントに矮小化された「教育」ではなく、文化的価値の体系を学ぶこと、友だちや教師と共感しあう経験を積み、発達の可能性が花開くこと。その営みが、自閉症教育においても大切です。

　友だちが好き、先生が好き、授業が好きという感情を子どもたちが体感することは、オプショナルな価値としてではなく、本質的な価値として学校教育が志向すべきものと考えます。

【注】
1)『自閉症教育実践ガイドブック―今の充実と明日への展望』2004年、『自閉症教育実践ケースブック―より確かな指導の追究』2005年、『自閉症教育実践マスターブック―キーポイントが未来をひらく』2008年、すべて国立特別支援教育総合研究所編著、ジアース教育新社

2) 別府哲（2001）『自閉症幼児の他者理解』ナカニシヤ出版、pp.101-120

3) 音田祐子、三木裕和（2016）「知的障害特別支援学校小学部の授業づくりにおける教育目標について―子どもの発達的理解を基礎に」鳥取大学地域学部地域学論集、第13巻第2号

4) ウタ・フリス著、冨田真紀・清水康夫・鈴木玲子訳（2009）『新訂 自閉症の謎を解き明かす』東京書籍

5) 松沢哲郎（2000）『チンパンジーの心』（岩波現代文庫）岩波書店、pp.46-52

6) 青木一、大槻健、小川利夫、柿沼肇、斎藤浩志、鈴木秀一、山住正己編（1988）『現代教育学事典』労働旬報社、「教育の本質」（p183）などを参照した。

7) 東京都立知的障害特別支援学校中学部自閉症学級指導書「社会性の学習」平成24年3月、東京都教育委員会、理論編、p2

8) ウタ・フリス、前掲書、p179

9) 別府哲（2007）「高機能自閉症児の自己の発達と教育・支援」、田中道治、都筑学、別府哲、小島道生編著『発達障害のある子どもの自己を育てる―内面世界の成長を支える教育・支援』ナカニシヤ出版、pp.68-81

10)「強度行動障害支援者養成研修テキスト」2014年、http://www.rehab.go.jp/ddis_pdf/179a.pdf

11) 佐藤良子（2010）「『療育プログラム』が自閉症児のわが子の『心を壊した』のではないか？」、子どもの心と脳の発達　vol.1 No.1 45〜59、発行大阪大学大学院大阪大学、金沢大学、浜松医科大学連合小児発達学研究科発売、金芳堂

特 論

情動的共感を教育目標に

強度行動障害の理解と実践

岐阜大学
別府 哲
Beppu Satoshi

1. つらさ、悲しさを理解する

　当たり前のことだが、障害児者にとって、障害がその人のすべてではない。しかし、障害をもって生きるのは、決して楽なことではない。そして関わる者が、当事者のつらさ、悲しさを完全に理解することはできないのもまた当然のことである。

　そもそも、相手が誰であれ、相手を完全に理解することはありえない。人の心は生きている限り刻々と変化し、一瞬たりとも同じではないからである。しかしそれを前提とした上で、保育・教育・支援に関わる者はその理解をあきらめず、相手に働きかけながら必死で相手を理解しようと努力する。それは、他者に共感的に理解されて初めて、人は自分を認めることができるからである。そしてそれが、自分を主体的に変える力となる。その意味でこれは、保育・教育・支援の基本でもある。

　一方、その人の言動の意味が容易に了解できないとき、そして関わる側にとって対処できないと感じられるほど問題行動が激しい時、この基本は当然ではなくなる。関わる側が、相手を理解する余裕をなくすほど精神的に追いつめられてしまうことがその一因である。これは自閉スペクトラム症で強度行動障害を示す人と関わるとき、もっとも陥りやすい問題である。そうなると、当事者の気持ちや心の動きを理解するゆとりがなくなり、それよりも問題行動そのものをどう少なくし無くす（消去する）のかにすべての注意が向けられる。

結論を先取りすれば、問題行動が激しい人ほど、その気持ちを理解する、特に情動的に共感することがまず目標とされるべきである。自閉スペクトラム症児者の障害は、情動的共感を経験できにくくさせられやすいところにあらわれる[1]。そして情動的共感の経験の乏しさが、激しい問題行動を引き起こす要因となるからである。

ここではまず、自閉スペクトラム症でかつ強度行動障害に該当する激しい問題行動を示した人と関わった実践を取り上げ、その意味を考えることとする。

2. 激しい問題行動
「人間として当たり前の
生活がしたい」

障害のある人の美術教育に尽力されている新見俊昌さんが、ご自身の息子・次郎さんの半世紀を綴られた本（新見，2010）がある。次郎さんは筆者と同い年であり、本書が書かれた年がちょうど50歳である。彼は、自閉スペクトラム症という障害自体が実践現場ではほとんど知られていない時期に幼少期を過ごした。また障害のある人もすべて7歳の誕生を迎える年に義務教育を受けることが日本において実現したのは、1979年（養護学校義務制完全実施）である。次郎さんが7歳を迎えたのは1967年で

あり、結果として就学猶予を余儀なくされることとなった。その後、どんな重い障害のある子も通うことのできる地域の学校づくり運動でできた養護学校などに通い、行きつ戻りつしながらも、確かな発達を遂げていく。

一方、家庭での次郎さんの問題行動は思春期ころ激しさを増す。高等部の時は、まず帰宅時、スクールバスから降りると自分のトレパン・下着・靴を破る。家では、食器は食事のあとすべて足で踏んだり投げて壊す、蛍光灯は机の上に乗って壊す、道具類は柄のついたもの（例えば包丁、歯ブラシ）は柄を折ることが連日続く。家族は、蛍光灯がないのでロウソクの火で夕食を食べたり、家に食器は皿3枚ということもあったとある。

これはさらにエスカレートし、一番激しいときは、「床板と壁の新建材を全部はがし、庭と居宅を仕切る戸をすべて蹴破って」（p.24）なくしてしまった。布団も朝必ず破り水をかける。毛布で風を少しでも防ぎ、はがされた床板を並べて寝たときもあった。

もう1つ家族が困ったのは、電話やトイレで家族が彼から目を離したすきに、周りの人にとって「都合の悪いこと」（p.23）を必ずすることである。それは例えば醤油とソースを混ぜる、インスタ

ントコーヒーの瓶に水を入れる、冷蔵庫の中のものを全部食べるなどである。そのため、特に母親は一時も目が離せない。一方、大人が見ているときでも先に触れた、物を壊す行動は止まらない。

次郎さんは写真でみると、体重も重く、お母さんより体は一回り以上大きい。親子の身体的な力関係が逆転しており、体では親が止められない状況での、問題行動の頻発である。そこでお母さんが言われたのが、上の言葉（「決してぜいたくをしようとは思わないけど（中略）、人間としてあたり前のことができる生活がしたい」（p.25）だったのである。

3. 発達の機能連関
1歳半の節

自閉スペクトラム症で激しい問題行動を示す人の場合、その原因は1つではない。しかしその中に、その人の発達のあり様そのものが、当事者を問題行動に追い込む要因となることが明らかにされている。それは通常の発達で1歳半の節と呼ばれてきた、発達が質的に変わる時期と関係している（別府, 2016）。

発達は、各機能が連関（機能連関と呼ぶ）（田中, 1987）しながらその姿をあらわす。発達が質的に変わる時期（そ

の1つが1歳半の節）には、その時期固有の機能連関が成立する。障害のない子どもでいえば、1歳半の節の時期には、コミュニケーション能力として「ワンワン」「マンマ」などの話し言葉を獲得し、物の操作能力では、それまで手で直接砂に触って遊んでいた子がスコップという道具を使って砂に働きかけるようになる。これは、話し言葉と道具の操作の獲得が機能連関している一例である。

加えて田中（1987）による発達の階層―段階理論では、発達が質的に変わる時期（質的転換期）に対し、その質的転換期の原動力となる力が発生する時期をそれぞれ見出している。1歳半の発達の節に対しては、10か月がその新しい発達の原動力が発生する時期とされる。

一方、自閉スペクトラム症の特徴として、機能連関が障害のない人と大きく異なる場合がある。それは層化現象と呼ばれ、その具体的なあり様がさまざまに明らかにされてきた（例えば、長嶋, 1983）。

例えば、ある8歳の女児は、話し言葉はオウム返しではあるが話せ、字も書ける。言語能力としては形式上であれ、1歳半の節を十分超える力を示していたし、字を書くという道具の使用も可

能であった。しかし、他者とのコミュニケーションでは、指さしで相手に好きな対象を示して伝えようとする、共同注意（joint attention）行動はほとんどみられなかった。この、自分と相手の間で対象への注意を共有する共同注意行動は、10か月の新しい発達の原動力の発生の時期の特徴の1つである。この女児の場合、言語能力、道具の使用においては1歳半の節を超える能力を示しながら、コミュニケーション能力では10か月の力が形成されていないという層化現象を示していると考えられた。

後で詳しく述べるが、自閉スペクトラム症児者のこういった機能間の発達のずれに着目することが、問題行動を理解し支援する手掛かりを与えると考えられるのである。

4. 1歳半の節
「‥デハナク○○ダ」という 行動様式

1歳半の節は、直立二足歩行、話し言葉の獲得、道具の使用がその特徴といわれる。そしてその特徴の背景には、「‥デハナク○○ダ」とする行動様式の獲得があると考えられている（田中，1987）。

例として、新版K式発達検査の「積木の塔」の課題を取り上げる。これは障害のない子どもの1歳から2歳台の課題である。大人が「高く積んでね」と教示し、机上にある積木の上に自分が持った積木を積むモデルを見せる。その後でモデルを崩し、机上に積木を置いたまま、別の積木を1個子どもに手渡す。すると、1歳前半（1歳半の節の前）の子も、手に持った積木1個を積むことはできる。しかし机上にたくさん他の積木があっても、続けて何個も積むことはしない。行動がそこで終わるのである。大人がその後、「上手！」とほめ、もう1個別の積木を手渡し、「高く積んでね」と促す。するとまたその1個積むことはできる。しかしそこでまた行動は終わる。すなわち、大人が言ったことに応える行動はできるが、それが単発で途切れる。

一方1歳半の節を超えると、子どもは1個積んだ後、行動を自発的に展開する。大人が指示をしなくてもみずから机上を見回し、他に積木があればそれを手に持って最後の1個まで全部積み上げようとする。そして、全部積みあがったところで初めて大人を見上げ、「デキタデショ！」という笑顔を見せるのである。

以上のことは、1歳半の節の前と後で、課題に対する取り組み方が異なることを示している。1歳前半（1歳半の節の前）は、「【手に持っている積木を積む】の

ダ！」にとどまるのに対し、1歳半の節を超えると、「【手に持っている積木を積む】だけデハナク、【机上の他の積木も積む】のダ」に変わる。これを田中（1987）は、1歳前半の「‥ダ」に対し、1歳半の節は「‥デハナク〇〇ダ」という行動様式をとることができるとした。

1歳前半の「‥ダ」は、モデルで示された目的をもった行動を単発的に模倣する。これは、大人がモデルや教示で示したものの背景にもっている意図（ここでいえば「積木を全部高く積んでね」）を理解してはいない。一方、1歳半の節を過ぎると、その大人の行動だけでなく意図を理解し、それを自分の目標とすることができるようになる。そのため、行動を単発で終わらせず、回りを見回して目標達成のために目的を調整し切り替えたり（手に持った積木だけでなく、机上にある他の積木も積もうとする）、それを持続的に行う（1個ではなく、積木を全部積もうとする）ことを可能にするのである[2]。

この力があると子どもは、積木が途中で崩れても、もう1回最初から自分で積み直そうとする。これは「積木を全部積む」という目標を意図としてもつからこそできることである。田中（1987）はそれを、自己復元力と呼んだ。

この「‥デハナイ〇〇ダ」は、「‥」という世界と「〇〇」という世界、つまり2つの世界のつながりを把握する力を生み出す。ここでは障害をもたない子どもの、2つの世界のつながりをとらえる力について考える。

時空間のつながりの理解

2つの世界のつながりは、時間に関していえば、出来事のつながりを理解し見通しをもつ力となる。例えば保育所で毎日朝の会の後、散歩に行くと、「朝の会の次は散歩」という見通しが形成される。子どもは朝の会が終わると、あるいは保育士がその後リュックを背負う姿を見ると「次はお散歩だ」と期待をふくらますことができる。

空間でも、毎日の生活で繰り返されることであれば、「‥」と「〇〇」が空間的に並んでいるつながりを理解できるようになる。洗面台の歯ブラシの横にはコップがあるというつながりである。

自他の意図理解とやりとり

もう1つのこの時期に形成される2つの世界のつながりは、行動と意図、そして自分の意図と他者の意図のつながりである。

1歳半を過ぎると、それまでの行動のみの着目とは異なり、行動と必ずしも一致しない心の存在に気付くことができ

る。心の1つが意図である。積木を積む課題でも、大人の行動だけでなくその背後にある意図を理解した応答が可能になる。

さらにこれは、他者の意図の理解だけでなく、自分の意図ももつことにもなる。「◎◎チャンガ！」という自己主張もその1つである。自分の意図がもてることは、次のような深まりをもつ。1つはプライドをもつことである。ある1歳後半の子は、お菓子が欲しくて要求したのになかなかそれがもらえなかった。あまりに怒るので母親がしばらくしてお菓子を与えると、その子はせっかく手に入ったお菓子を投げ捨てた。お菓子を食べるという要求より、自分の意図を無視されたプライドがそこにはあるからと考えられる（やまだ, 2010）。2つは、相手の意図と自分の意図の間で交渉ややりとりが開始されることである。例えば相手の意図が分かった上で、あえてそれと違う自分の意図を主張するからかい

（teasing）も、この時期からよくみられる。

行動の背景にある意図を理解することで、自分の意図と他者の意図のつながりを理解し、駆け引きなどを行い始めるのである。

5. 自閉スペクトラム症と
1歳半の節
特異な機能連関

障害をもたない子どもの場合

①自他の意図理解を含みこんだ時空間のつながりの理解

障害をもたない子どもは、この（a）時空間のつながりの理解と（b）自他の意図理解とやりとりを、1歳半の節のほぼ同時期に形成する。（a）と（b）が機能連関して形成されるのである（図1の①）。

両者が連関することで、（a）の時空間のつながりは、自他の意図を含みこんだ把握となる。例えば「朝の会の次は

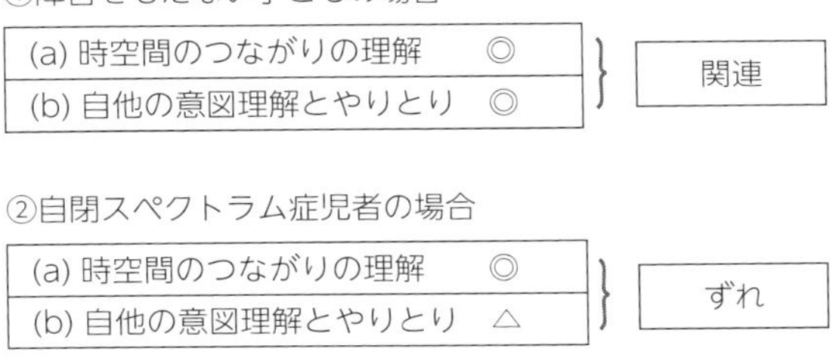

①障害をもたない子どもの場合

| (a) 時空間のつながりの理解 | ◎ |
| (b) 自他の意図理解とやりとり | ◎ |

} 関連

②自閉スペクトラム症児者の場合

| (a) 時空間のつながりの理解 | ◎ |
| (b) 自他の意図理解とやりとり | △ |

} ずれ

図1　1歳半の節の機能連関

情動的共感を教育目標に　25

散歩」という時間のつながりの理解は、次の散歩への期待とそれをやった後の達成感の獲得につながる。その際、保育士に「お散歩楽しかったねえ」と自分の思いを共感的に共有してもらえると、「楽しかった」自分の思いが確かなものになり過去を振り返ることができるようになる（浜谷, 2013）。それが「また散歩に行きたい」という未来への期待をもった意図を作り出す（図2）。

②情動的共感と切り替え

一方、時空間のつながりは不変ではなく、時に変更しなければいけないことがある。その際、これが単なるつながりの理解では、こだわりとなり、その変更を許せなくなる。しかし自他の意図を含みこんだ把握であるからこそ、紆余曲折はありつつ変更を納得することが可能に

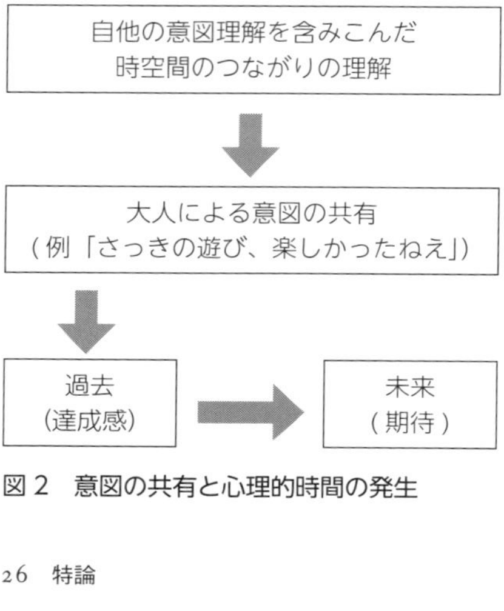

図2 意図の共有と心理的時間の発生

なる。

例えば「朝の会の次は散歩」なのに、大雨で散歩に行けない日があったとしよう。この時空間のつながりは、「‥デハナク○○ダ」に基づいている。そのため、朝の会の次は「【体操や絵本読み、おやつなど他の活動】デハナク【散歩】ダ」なのである。だからそこで「今日はおやつにしよう」といったり、「散歩は行きません！」というと、「【おやつ】デハナク【散歩】ダ」「【散歩に行かない】のデハナク【散歩に行く】のダ！」となり、子どもは余計に激しく怒る。このようにごまかしがきかなくなるのは、「‥デハナク○○ダ」という行動様式をもてるようになったことの裏返しでもある。

それに対し大人が、子どもの「散歩に行く」という思い、それがかなえられない怒りをしっかり受け止め（例えば、抱っこしながら「いつものようにお散歩、行きたかったよね」と語りかける）、その上で外の雨を一緒に見ながらお話をしたり（例えば「雨ふってるねえ、びしょびしょなっちゃうねえ」）して、気持ちが落ち着くのをゆっくり待つ。自分の今の気持ちに情動的に共感してもらう体験があると子どもは、大人が自分の気持ちを否定せずわかろうとしてくれていると感じることができる。それが自分の情動を調整し、相手の意図を含めた周囲

の状況を感じ取る姿勢を作り出す。

その後大人が、散歩とは別のものの中で選択肢を示す（「こっちの絵本①と、こっちの絵本②、どっちを読もうか」）。すると子どもは例えば、「【絵本②】デハナク【絵本①を読むの】ダ」と1歳半の行動様式を自発的に使えることによって自分の意図を立ち上げ、気持ちを切り替えることができる。時空間のつながりが、こだわりではなく期待・達成感につながるためには、他者による情動的共感の経験とそれによる意図理解の育ちが必要になるのである。

自閉スペクトラム症児者の場合

一方、自閉スペクトラム症児者は、（b）が形成できないまま、（a）のみを形式上、形成するという特異な機能連関を示す場合がある（図1の②）。それが激しい問題行動を引き起こす要因となる。

さきほど例に挙げた次郎さんについて考えてみよう。次郎さんの、「スクールバスから降りると自分のトレパン・下着・靴を破る」問題行動は、「スクールバスを降りる」➡「衣服を破る」という時間的つながりを理解した行動でもある。布団に水をかけるのも、必ず「朝起きてから」行うという意味では時間的つながりを把握している。次郎さんは、形式上であれ、上記の（a）の能力は獲得して

いると考えられる。

しかし、それが期待、達成感につながっていない。そうではなく、激しいこだわりを生み出している。それは5の①、②（本章のp.25-27）の「障害をもたない子どもの場合」でみたように、自他の意図の理解を含んでいないことによると考えられる。あわせて、次郎さんは、自分の行為を相手がどう感じているのかをうかがう様子はほとんどみられていない。これも、相手の意図理解の弱さを反映していると考えられる。

すなわち（b）の力の弱さをもったまま、（a）のつながりのみを把握できるようになったため、「スクールバスを降りる」と次は「衣服を破る」ことをしなければいけないという強迫的なパターンを作ってしまうのである。自分の意図を含まない強迫的なパターンであるため、それには期待もないし、やりきった達成感も伴わない。本来「できた」という達成感は、行動に区切りをつける力となる。その達成感がないため、行動を区切る（終わる）ことができない。行動が終われないことがイライラを強め、それが余計にパターンに強迫的にこだわるという悪循環を生み出す。

そうであれば、次郎さんにとって、（b）の自他の意図理解とつながりを把握する力が可能になることは大きな意味をも

情動的共感を教育目標に　27

つ。その力が、時間的つながり＝強迫的なこだわりというパターンを崩すからである。そしてそれを生み出す契機となるのが、さきほどふれた他者による情動的共感の経験なのである。その点を、次郎さんの例を通して検討する。

6. 強度行動障害に対する支援とその変化
次郎さんを例に

次郎さんは、22歳でびわこ学園に入り、そこから長い年月をかけながら大きな発達を遂げていく（新見, 2010）。そこでの支援について筆者なりにまとめると、以下の3点になる。

不安を減らす
—数年単位での固定した人間関係の保障

強度行動障害を示す当事者はその多くが、問題行動をとても苦しそうな表情で行っている。それは、当事者は問題行動を本当はしたくないが、そうせざるを得ない何かが本人を突き動かしてしまっている可能性を推測させる。

自閉スペクトラム症者の回想では、予測が立ちにくい"人"という存在が「混沌と恐怖」であったといわれる（Bemporad, 1979）。障害のない子どもの場合生まれてすぐから、回りの"人"に自動的に注意を向ける能力を与えられている。そ

れは、"モノ"より、"人"の声、顔、動きを選んで強く注意を向けることにみられる。回りの大人は、そうやって自分の声に反応したり自分を見て笑ってくれる子どもをかわいく感じ、もっとケアしたい思い（養護性）を強める。こうやって相互に相手に注意を向け合いながら、結果として子どもにとって"人"は、一緒に笑い合うことのできる（情動共有できる）存在となる。このように、障害のない子どもにとっては一緒に笑い合える存在である"人"が、自閉スペクトラム症児にとっては全く逆の「混沌と恐怖」となる可能性があるのである。

"人"そのものが「混沌と恐怖」である自閉スペクトラム症児にとっては、その"人"が見せてくれる世界も「混沌と恐怖」に彩られた不安なものとなりやすい。その不安の増大が、自傷行為やパニックなどの問題行動を引き起こす。

次郎さんも、びわこ学園入園後、強度の固執行動（破衣、便こね、自傷など）や行為制止によるパニック（人や物への頭突き、大声、足踏みなど）が強まった。これは環境の変化に伴う激しい不安がその一因であったことは当然考えられる。

それに対し、園では対応する担当職員チーム（3名）を固定し、少人数グループに入ってからも仲間のメンバーを限定

した。不安の強い人にとって、回りの人の関わりの質（気持ちや状態を理解した適切な対応を適切なタイミングで行うこと）が重要であることはいうまでもない。しかしそのような質のよい関わりに加えて、関わる人が固定されるかどうかは、不安を軽減する上で大きな役割をもつ。ここではそういった固定された人間関係が、次郎さんにとっての「オリエンテーターとしての役割」（p.34）を果たしたとある。自分の気持ちをわかって対応してくれる、かついつも同じ人がいることが、その人を行動の支えとし、職員の動きを手がかりに見通しをもつ姿を生み出したと考えられる。これは、心理学でいうアタッチメント（attachment）対象の形成につながるものであり、近年これに関する支援のあり方も多く報告されている（例えば、北川・工藤, 2017）。

　加えてこの実践で大切だと思うのは、そういった人間関係を数年単位で保障したことである。学校教育段階では往々にして、その関係が1年単位で変わる。1年単位での交代は、不安が激しい人ほど、人間関係が1年続いた"安心"より、それがその翌年に"なくなる（変わってしまう）"不安を強める。人間関係というとどうしても質が注目されやすいが、このように数年単位での同じ関係という量的な保障が、特に不安の激しい自閉

スペクトラム症児者にとっては大きな意味をもつのである。

生理的変化まで含みこんだ心理的状態のていねいな把握―苦しさの情動的共感

　2つは、自閉スペクトラム症児者の心理的状態をていねいに把握することである。強度行動障害のある人もさきほどふれたように、激しい不安がその要因であることは決して少なくない。一方、自閉スペクトラム症児者も障害のない人と同じように、喜怒哀楽の情動は確かにもっている。ただその情動は、感覚過敏・鈍麻や、特異な認知傾向（例えば、全体に注意が向けられず、細部にばかり注意が向いてしまう"弱い全体性統合（weak central coherence）"）のため、障害のない人と大きくずれやすい。感覚過敏を例に挙げれば、障害のない人には何でもないシャワーの水が、自閉スペクトラム症児者には、針が皮膚に突き刺さるほど痛くて苦しいことがある。逆に障害のない人には気持ち悪くなるほどの激しい揺れや回転が、自閉スペクトラム症児者にとってはとても楽しい感覚であることもある。

　自分にはなんでもないシャワーに、自閉スペクトラム症児者が怒り出すと、障害のない人は「なぜこんなことで怒るのか」了解できない。この"ずれ"の意味

情動的共感を教育目標に　29

がわからないと、関わる人は自閉スペクトラム症児者を力で押さえつけたり制止することを正当化してしまいやすくなる。関わる側に最も必要なのは、目の前にいる自閉スペクトラム症児者が、なぜ怒っているのか、その心をわかろうとする努力を放棄しないことなのである。そして、なぜそういう言動をとるのかを一緒に考え理解しようとする存在との出会いが、自閉スペクトラム症児者にとって、"人"を「混沌と恐怖」ではないととらえる契機となる。

この理解のためには、障害特性と、その人の生きてきた歴史、そして発達の状態をあわせてとらえることが必要である。その視点（障害・生活・発達をまるごととらえる）をもって、目の前の子どもの微細な状態や変化をとらえることが、理解のヒントを生み出す。加えて激しい問題行動を示す人の場合、生理的変化に伴う心理状態の変化まで分け入って把握することが重要となる。

次郎さんの場合でいえば、彼がてんかん発作（強直間代発作）を30〜40日ごとに起こすことに着目し、その発作と次の発作の間で、イライラなどの情緒面、こだわり、睡眠、活動がどのように変化するのか、記録を何度もつけて職員が確認していった。

その結果、①発作が起きて48時間は安静が必要、②その後イライラ、少し遅れて衣服を破る破衣行動が増大、③その後に両者ともに少なくなる安定期に入りそこでは山登りなども可能、④その次のイライラやこだわりが強まったすぐ後に発作が起きる、などの傾向が明らかになった。関わる側は、その時々の次郎さんの姿から状態を読み取るだけでなく、この生理的変化を指標として現在の状態をおおまかに理解することが可能になった。その結果、事前の対応（例えば上記の④で次の発作を予測）や不用意・不必要な摩擦を生じない配慮（例えば上記③の時期は活発な活動を組むが、②、④の時期は無理をさせない生活にする）ができるようになったのである。

発達の特異な機能連関は、自閉スペクトラム症児者を、問題行動を起こさざるを得ない状況に追い込む。それは、生理的状態（次郎さんでいえばてんかん発作とそれに伴う生理的変化）も同じなのである。問題行動は、何か外界にあるものとの関連で生じていると考えられやすい。「何が嫌なの？」「何がほしいの」という大人の問いは、外界を変えることで問題行動の原因を取り除こうとする考えに基づいている。しかし問題行動を引き起こす要因は、自閉スペクトラム症児者の内部（その1つが生理的変化）

にある場合が少なくない。そしてこの理解は、「問題行動をしたくないのにせざるを得ない状況に追い込まれている」当事者の苦しさを情動的に共感し理解するためには極めて重要となるのである。

楽しさの情動的共感

　ここまで、不安を低減し、障害によって理解されにくい独自の苦しさを情動的に共感し理解する重要性を指摘した。しかし、他者の意図を理解する力を育てるためには、以上の点はあくまで土台である。その上で、自閉スペクトラム症児者が、自分の楽しさを情動的に共感される経験を作り出すことが、他者の意図を理解する力を育む最大の原動力となる。最初に述べたように、障害のない子どもは人生の出発点ですでに"人"を、一緒に笑い合える、すなわち楽しさを情動的に共感できる存在としてとらえている。この楽しさを情動的に共感された経験は、障害のない人とずれやすい自閉スペクトラム症児者にとっては、もっとも経験しにくい点であり、だからこそもっとも重要なのである。

①ダイナミックな空間・時間での達成感を感じやすい活動

　次郎さんの場合これに対し、3つの取り組みがなされた。1つは、本人にとって達成感のあるダイナミックな空間と時間の広がりのある活動の保障である。そのために、最初は学校の裏庭にある木の根っこを抜く作業、次は園内保育所横の草ぼうぼうの土地の畑づくりである。前者は根っこの回りの土を掘り➡土を捨てる、後者は職員が棒で丸の印をつけた範囲の草を抜き➡それを一輪車に入れ➡堆肥置き場まで運ぶという、いずれも同じ繰り返しのある見通しのもちやすい作業である。そして、やっただけ掘った穴が深くなり、草を抜いた土地がきれいになるため、達成感を目で見てはっきり感じやすい。これを午前中いっぱい、あるいは終日というゆったりした時間の中で、かつ節目をゆるやかに移行できる（急に活動が終わるのでなく、本人が自分で終わりを作れるよう、切り替えの時間を長く保障する）ようにして取り組んだ。最初は勝手に部屋へ戻っていた次郎さんだったが、次第に精力的に取り組み、他の仲間が次郎さんの動きをモデルにするほどになっていった。全身を使った活動で適度な疲労を感じることもあり、次郎さん自身が達成感を感じながら活動を終わることができることが、このような安定した姿になったと考えられる。

情動的共感を教育目標に　31

②他者を意識できる活動

2つは、他者を意識できる活動である。次郎さんは、生活上のこと（例えば着替え）は自分1人でできることが多い人であった。併せてパニックが多い姿から、周りの人は、彼には余計な刺激を与えない方がよいと考えていたようである。そのため、当初彼には（たぶんびわこ学園に入園する前から）、自分でできることは1人でやらせる方がよいとされてきた。しかし人は、自分で「できた」と思った活動であっても、他者に「できたね！」と認められることで初めて達成感を強く感じることができる。1人でできることをただ1人でやらせることは、この達成感を感じる機会を奪うことになる。そのため、びわこ学園では、1人でできることも職員が見守り言葉かけをするようにした。着替えであれば「上手に着替えができましたね」と誉めるのである。これにより、次郎さんは「今、僕は着替えが上手にできた」と自分の行動をポジティブに意味づけることが可能になった。記録では「できるからまかせる、でなく、次郎との具体的やりとりを大切にして、職員と一緒に事を運び、言葉のやりとりや共働作業が共通理解の橋渡しになるように心がける」「生活体験を共にする機会を作る。次郎と共に準備する。…（後略）」とある。次郎さんは次第に、自分の行為の後の他者の言葉かけを気にしたり他者の顔色を伺う行動が出てくるようになった。これは他者の評価という心を意識することであり、他者の意図理解の基盤を作ったと思われる。

③本人の楽しい活動の保障
―楽しさの情動的共感

3つは、次郎さんの楽しい活動として、粘土を取り組んだことである。次郎さんは美術教師である父の影響もあり、小さいころから絵を描くのは好きだった。紙と鉛筆があれば、魚やこいのぼりを延々と描き続けていた。しかし思春期ころには、書きだすと絵の上に別の絵を重ねて書き、最終的には何が書いてあるかわからない絵になっていたようである。

びわこ学園の粘土部屋を最初は拒否していた次郎さんだったが、何をしてもいいということで紙と鉛筆を用意すると、最初はその部屋で絵を描くようになった。ある程度それが続いた後、粘土板をただただ叩き、ひっくり返して叩くことを繰り返す姿が出てくる。彼の叩く力の強さのため、粘土板に指紋まできれいに浮かび上がるものができた。それを職員が高く評価し、作品として展示するようになる。そこから粘土板に魚を描いたり粘土で団子を作り積み上げたりす

る姿が生まれる。ある時、粘土の団子を積み上げたものを見た他の仲間が「ブドウ」と言い、次郎さんがその直後に何気なくT字型の柄を上にくっつけ、それが初めて立体の作品（ブドウ）となった。次郎さん自身もその作品を見ながら、呆気にとられていたそうである。思わず作品ができてしまったことに、新しい自分の力を発見した驚きがあったと考えられる。この後、「ハピバス（ハッピーバースディーのケーキ）」と言いながら、机上に粘土を棒状にしたものをケーキのローソクに見立ててたくさん立てるなど、自分で命名する立体作品を作り上げるようになった。

　これは、びわこ学園に入る前の、重ね書きすることで最後は何が書いてあるかわからなくなっていた描画とは、全く質が異なるものである。重ね書きの絵は、それを他者と共有するという意図がみえにくい。それに対し、「ブドウ」という作品は、本人が命名しそれを壊さないことにあらわれているように、他者と共有する意図をもった作品である。楽しい活動（絵を描くことなど）を時空間的に十二分に保障され、それを他者からポジティブに意味づけられた経験（制止されず面白がってみてもらえたり、指紋のついた粘土板のように作品として評価される）の積み重ねが、好きな活動を他者と共有したい願いを次郎さんの中に育んだと考えられる。

　次郎さんはさきほど述べたように、思春期のころ、人が見ていないところで冷蔵庫のものを食べるなど困った行動をよく行っていた。これは人が見ていないところで、その人が困ることをあえてやることでもある。それは他者の「それをしたら困る」という評価を次郎さんが感じる力をもっていたことを示唆する。しかし問題行動の激しい時期は、そこで感じる評価はネガティブなものばかりであった。他者のポジティブな評価を、特に自分の好きな活動で感じる経験は、他者の評価、ひいては心を感じ理解する力を育てることに大きく影響を与えたと考えられる。

　この3つの取り組みが展開する中で、次郎さんの激しい問題行動は次第に少なくなっていった。新見（2010）はこれを、「破壊のエネルギー（その1つが、物を破壊する激しい問題行動；筆者註）が創造のエネルギー（その1つが、粘土作品の創造；筆者註）に転化し、いわば破壊の専門家であったわが子が、ものを作りだすよろこびを獲得し、その力をヨコに広げている姿」（p.42）とされた。楽しさの情動的共感体験が他者の意図を感じる力を育て、それが自らの意図も生み出す。これが時空間のつな

がりを強迫的こだわりではなく、期待と達成感をもったものにし、そこで他者と共有する喜びを感じることを可能にしたのである。

さいごに

今回は、強度行動障害を示した自閉スペクトラム症児者の一例を取り上げ、この問題を考えた。これは別の事例でも論じた（別府, 2018）が、さらに事例を増やして検討することは重要な課題である。

もう1つ、共感というとどうしても関わる側の関わり方（関係論）の問題とされやすい。しかしそこでは、6でみてきたように、どのような内容の活動をどの程度量的に保障するか（活動論）を抜きには語れない（木下、2016）。自閉スペクトラム症児者の支援に関して、活動論としての展開が強く求められる。

近年、自閉スペクトラム症児者が、自らの体験を語りそれを同じ仲間の中で自ら研究する当事者研究が行われている（例えば、綾屋・熊谷, 2010）。冒頭で述べたように、相手の心を完全にわかることはできないが、だからこそ常に相手を理解しようとする営みが、教育・指導を行う側には求められる。当事者研究の隆盛は、その手掛かりが今まで以上に

たくさん提出される時代になったことを示している。情動的共感をめざして「なぜ」を追究し続けるためにも、「子どもに聴く」（茂木, 2012）ことが今こそ求められているのである。

【注】
1）そもそも情動的共感は、相手と自分の共同作業である。そうであればその障害は、自閉スペクトラム症児者の側の、定型発達児者の情動を共感的に理解しにくい点にだけ問題があるとはいえないはずである。そこには、定型発達児者が自閉スペクトラム症児者の情動を共感的に理解できていないという問題も同時に存在するからである。実際、自閉スペクトラム症児者は相手の情動を理解するプロセスと内容が質的に異なるだけであり、少なくとも同じ自閉スペクトラム症児者の間では互いに共感することは十分可能であることも指摘されている（綾屋・熊谷, 2010）。
2）1歳半の節を超える前には、他者の行為の模倣にとどまるが、その後では行為の意図を理解した模倣になることは別の研究でも明らかにされている。押すと光が点滅する道具を、大人が頭で押すのを子どもに見せる。それを、大人が両手を使えない状態（例えば両手が出せない服を着ている）でやる場合と、両手を使えるのに頭で押す場合を見せる。すると1歳半の節の前の子どもは、どちらの場合でも大人と同じように頭で押す（行為の模倣）。それに対し、1歳半の節を超えると、両手が使えない条件での大人の行為を見た際には手で押し、両手が使える条件での行為を見た場合は頭で押すというように反応を変える。これは両手が使え

る条件では、"敢えて"頭で押そうという大人の意図があることを理解しそれを模倣したためと考えられている（大藪, 2013）。

【文献】

綾屋紗月・熊谷晋一郎（2010）『つながりの作法—同じでもなく 違うでもなく』NHK出版

Bemporad, J.E（1979）Adult recollections of a formerly autistic child. Journal of Autism and Developmental Disorders, 9, 179-197.

別府哲（2016）自閉スペクトラム症と1歳半の節　障害者問題研究, 44（2）, 18-25

別府哲（2018）自閉スペクトラム症児・者の困難事例の理解と支援—発達のアンバランスに注目して　別府悦子・香野毅（編著）『支援が困難な事例に向き合う発達臨床—教育・保育・心理・福祉・医療の現場から』pp.63-81　ミネルヴァ書房

浜谷直人（2013）保育実践と発達支援専門職の関係から発達心理学の研究課題を考える：子どもの生きづらさと育てにくさに焦点を当てて. 発達心理学研究, 24（4）, 484-494

木下孝司（2016）「1歳半の節」に関する発達心理学的検討—1歳児における自我形成を考えるための理論的視座. 障害者問題研究, 44（2）, 90-97

北川恵・工藤晋平（編著）（2017）『アタッチメントに基づく評価と支援』誠信書房

長嶋瑞穂（1983）自閉的傾向児の交通手段の発達　障害者問題研究, 34, 52-65

新見俊昌（2010）自閉症のわが子が歩んだ半世紀. 新見俊昌・藤本文朗・別府哲（編著）『青年・成人期 自閉症の発達保障—ライフステージを見通した支援』クリエイツかもがわ　pp.8-44

茂木俊彦（2012）『子どもに学んで語りあう』全国障害者問題研究会出版部

大藪泰（2013）『赤ちゃんの心理学』日本評論社

田中昌人（1987）『人間発達の理論』青木書店

やまだようこ（2010）『ことばの前のことば—うたうコミュニケーション』新曜社

特 論

強度行動障害の
ある人に対する
教育実践の現状と展望

神戸大学
赤木 和重
Akagi Kazushige

1. 激しい行動障害

　「強度行動障害」という名前は聞いたことがなくても、長く、自閉症スペクトラム障害（以下、自閉症とする）や知的障害の重い児童・成人とかかわっている先生方であれば、次のような子どもや青年に出会ったことがあるでしょう。

　友だちや先生・職員を見た瞬間に手を出してきて髪の毛を抜こうとする成人期の自閉症の女性がおられました。複数の職員が身体をはって止めようとするものの、力が強いためになかなか止めることができません。その女性は、大きな声を出し、負の感情をあらわにします。そして、職員がほんの少し注意をそらした隙に、職員の髪の毛を引っぱったり、眼鏡をとって割ったりします。そのため、

職員は、制止し、注意せざるをえません。当事者も職員も、全身全霊を使うため、ヘトヘトに疲れます。このような行動が20分から30分ほど続きます。そして、日に何度もみられるときもあります。このような繰り返しのなかで、かかわる職員は疲れはてていきます。

　また、ピンク色のコップや歯ブラシを壊すことがどうしても頭から離れず、止めようとする複数の職員を引きずってでも壊そうとする成人期の利用者がおられました。職員が複数で止めると、その場ではピンク色のコップを壊すことはありません。しかし、頭の中では「コップを壊す」ことが消えないのか、職員が目を離した隙に一気にコップに近づいて壊してしまいます。壊されたコップの持ち主の利用者がそれを見て「なんで壊すの！」

と感情を高ぶらせて、「衝突」が起きてしまいます。その方の壊すことへの強いこだわりは、波があるものの、時期によっては、日に何度も見られることがありました。

　ある特別支援学校の高等部では、「だ」という音が聞こえると、パニックになり、周囲の先生や友だちに手を出してしまう生徒がいました。そのため、その生徒が聞こえる範囲では「だ」の言葉を出すことが禁句となっていました。「だいず」や「だるま」「ダイコン」「これが好きだ」など、「だ」がつく言葉が聞こえると、その生徒は「だ」を発した人に突進し、手を出してしまうからです。理由を担任に尋ねました。おそらく…ということでしたが、きっかけは「だ」という言葉そのものではなく、「ダメ」という言葉ではないか、とのことでした。中学部のころから、自分にも、また他の子どもに向けられた「ダメ」という制止の言葉に過剰に反応するようになったそうです。そして徐々に「ダメ」という言葉を聞くと、それを発した先生や、周囲の友だちに手を出すことが増えてきました。そして、どんどん過剰・過敏になっていき、「ダメ」だけではなく「ダメ」の「ダ」に反応して行動するようになったそうです。

　先生方は「だ」を言わないように気をつけていましたが、実際問題として、「だ」を言わずに会話をすることはとても難しいです。「だ」をいつも言わないように意識して会話をすることは、ほぼ不可能といってよいでしょう。それに、他の生徒の発言まで制限することはできません。誰のどの発言で「ダ」が出るかは、誰にも予想がつきません。

　彼のパニックや他傷行為を防ぐために、二人の教師が、その子にぴったりとつくようになりました。もちろん、教師としても、このような対応をやりたいわけではないでしょう。このように対応せざるをえない状況になっていました。しかし、このような監視に近い対応をとることで、生徒本人は、リラックスして授業に参加できません。逆に、その「監視」の視線を感じるなかで、より不安を強めていき、結果として、「だ」の言葉に意識をさらに強めてしまう悪循環が起きていました。

　ここまで3人の障害児・者のエピソードを紹介しました。いずれも実践的には、「問題行動」が強く、支援者は対応に悩んでいます。なにより本人自身が豊かな生活を送るうえで困難を抱えています。このような強い問題行動を、我が国では、「強度行動障害」と概念化して、特別な支援が行えるように制度が整えられてきました。しかし、まだその理解や支援の

強度行動障害のある人に対する教育実践の現状と展望　37

道すじは確定しておらず、混乱している部分もあります。

そこで、本章では、強度行動障害の理解と支援について、近年の潮流を意識しながら、3つのパートに分けて論じます。第1のパートは、強度行動障害という我が国独自の概念が成立した背景や、定義、扱われかたの変遷について論じます。第2のパートでは、現在、強度行動障害の方への実践として典型的に取り上げられているものを紹介しつつ、その批判的な検討を行います。第3のパートでは、本書に通底している強度行動障害のある子どもや成人に対する発達的な視点を重視した考えについて、いくつかの実践をもとに論じます。以上を通して、強度行動障害のある人に対する理解や支援で重要な視点を明確にすることが本章の目的です。

2. 強度行動障害とは

強度行動障害とは、次のように定義されています。「直接的他害（噛みつき、頭つきなど）や、間接的他害（睡眠の乱れ、同一性の保持例えば場所・プログラム・人へのこだわり、多動、うなり、飛び出し、器物破損など）や自傷行為などが通常考えられない頻度と形式で出現し、その養育環境では著しく処遇

困難なものをいい行動的に定義される群」（行動障害児（者）研究会、1989）という定義です。

この定義からもわかるように、自閉症や知的障害のように、何か特定の原因を想定した医学的な障害名ではありません。あくまで、行動障害の有無と、その行動障害の激しさで判断される障害名です。そのため、強度行動障害という範疇にあっても、背景にある障害は様々です。自閉症の診断をもっている青年もいれば、知的障害の診断のみの子どももいます。発達的にも軽度の子どもから重度の子どもまで様々です。とはいえ、全体としては、強度行動障害と判定された人のうち、70％が自閉症の診断を受けています。強度行動障害の人の多くは自閉症の人の行動障害が深刻化したケースが多いといえます。

「強度行動障害」という名称や概念は、日本特有のものです。これは、障害福祉施策と連動しています。行動障害児（者）研究会が、強度行動障害という概念を1989年に提起したあと、1993年に、強度行動障害特別処遇事業がつくられました。この事業の特徴は、強度行動障害のある人を重度精神薄弱児加算費、重度自閉症児加算費、重度精神薄弱者加算費の対象とするもので（用語は、1993年当時の厚生省児童家庭局

障害福祉課長通知21号による）、おおむね20点以上の場合、事業の対象とされました（詳細は勝井〈2013〉を参照）。

強度行動障害の判定は、「ひどく自分の体を叩いたり傷つけたりする等の行為」「激しいこだわり」といった項目において、行動の頻度と強度から評価するものです。行動障害にかかわる11項目において、得点（1点・3点・5点）を付け、合計得点が10点以上を強度行動障害と定義されます。

日常のなかで、厳しい行動障害を抱えている人に対して、ていねいな支援が行われる制度を整えたことは評価できるといえます。ただし、判定基準となる点数を満たしても、必要なサービスを受けられない状況が続いていることも指摘されています（勝井, 2013）。特に事業開始時点からの5年間では、全国17施設、総定員68人という規模であり、2002年度においても事業実施施設は、33施設にとどまっていました。強度行動障害の判定基準を満たす該当者は、2003年・2004年度の日本知的障害者福祉協会における調査によれば、対象施設利用者127331人のうち、2.9％の3703人でした（財団法人日本知的障害者福祉協会, 2005）。このような状況をふまえれば、必要とされる支援はいまだ十分でないといえます。

3. 強度行動障害に対する代表的な実践

激しい行動障害を示す強度行動障害に対しては、その行動障害の激しさゆえに、様々な支援技法が提案されています。ここでは、代表的で、かつ、実践の蓄積もある2つの立場について紹介しつつ、それぞれの有する意義や課題について述べます。

⑴ 構造化を中心とした環境調整

1つ目に紹介するのは、構造化を軸とした環境調整に焦点をあてた実践です。構造化とは、ショプラーらが提起したTEACCHプログラムのなかの中心的な指導概念の1つであり、「時間」「空間」「コミュニケーション」を彼ら一人ひとりの機能に合わせて、何をすればいいのかを分かりやすく提示する方法と定義されています（佐々木, 2008）。TEACCHプログラムは、主に知的障害のある自閉症スペクトラム障害のある子どもを対象にした療育プログラムとして開発・実践されてきました。

構造化にも様々なものがありますが、代表的なものとして、時間の構造化があります。1日のスケジュールを「今は何をする時間であり、次は何をするのか」「何時から何をするのか」というねらい

について、写真やイラストなどを視覚刺激を用いて、言語情報の理解が難しい自閉症の人たちにわかりやすく整理して提示することをさします。また、場所の構造化というのは、1つの部屋やコーナーで、「食べる」「寝る」など用途を重複させると、自閉症の子どものなかにはわかりにくいことが多いです。そのため、部屋やコーナーごとに、仕切りなどをつくって「ここは食べるところ」「ここは寝るところ」などとわかりやすく環境を設定することを重視しています。

構造化を中心としたアプローチは、現在、我が国の特別支援教育では一般的といえるほど、広く取り入れられています。実際、特別支援学校での教室をのぞくと、多くの教室では、1日の流れを写真などを用いて時系列に提示している様子を確認することができます。

このような構造化を主とした環境調整は、強度行動障害のある人たちへの支援においても重視されています。例えば、NPO法人全国地域生活支援ネットワーク（2015）が監修している、行動障害のある人の代表的なテキストにおいても、構造化の意義や手順が詳しく書かれています。強度行動障害のある人に対して構造化が重視されるのは、大きくは2つの理由によります。

1つは、強度行動障害の方の多くは、自閉症をもっており、自閉症で有効とされてきた手法が応用できるからです。ある調査によれば、強度行動障害特別支援事業対象者のうち、自閉症という診断を受けたかたは、8割以上を占めていました（中島, 2005）。そう考えれば、自閉症に有効とされてきた構造化という環境調整に目が行くのは、ある意味、当然ともいえます。

2つ目は、構造化という視点が、実践の環境に目を向けさせる意義があったからです。これまで強度行動障害の方へのかかわりは、支援者の「かかわりかた」に焦点をあてられる傾向がありました。いわく、やさしくかかわったほうがいいのか、声かけはどうするのか、「ダメなものはダメ」と毅然とかかわったほうがいいのか…などです。構造化は、このような議論とは異なり、環境という視点を提起しました。そのことで、部屋の設定、教材・教具の提示の仕方など、あまり議論されてこなかった点に支援者の目が見えるようになり、その結果、支援の奥行きが広がりました。なにより、当事者が「変わる」実感をもてたからこそ、これだけ広範な支持を集めたと考えられます。

実際、前述した本のなかでは、構造化を取り入れて行動障害が改善した事例があげられています。具体的には、

次のような流れの実践報告がなされて
います。

　「自閉症の人が、行動の切り替えが悪
く、他傷行為が多くみられていた。最初
は制止していたが効果がなかった。そこ
で、構造化をとりいれたところ、落ち着
いて行動できるようになった。彼らは、
外界の意味がわからずに、混乱してい
たからだろう。それゆえに、行動障害を
おこしていたのだと思う。」といったよ
うな実践報告です。ここからわかるよう
に、背景には、自閉症という障害特性、
とくに抽象的な事柄が理解しにくいとい
う理解があります。

⑵応用行動分析の視点からの支援

　応用行動分析の視点から、強度行動
障害の方の支援を展開する流れも根強
いです。応用行動分析とは、行動主義
のスキナーに発する人間理解のあり方
で、行動の原因を、意思といった心の
状態に直接求めることはせずに、個人と
環境の相互作用の枠組みの中でとらえ
ようとする学問分野です。具体的には、
「行動」「行動の直前」「行動の直後」と
いう単位（行動随伴性）で、子どもの
行動をとらえ、不適切な行動を改善し
ていこうという立場です。応用行動分析
は、特に障害のある子どもへの指導に
際してよく用いられる考え・手法です。

　奥田（2012）は、応用行動分析の視
点から、強度行動障害の方への支援を
行い、行動を改善した報告を行ってい
ます。様々な支援例が書かれています。
ここでは、その1つの例として、奥田自
らが「わんこそば」対応と名付けられ、
自分の衣服を破る、教師をたたく、ひっ
かくといった行動があり、食事場面でも
見られていた知的障害と自閉症のある中
学生に対する支援を紹介します。そこ
では、ランチとして出されたクラッカー
やバナナを1センチ角に切り、生徒に1
つずつ渡すというものです。それを短時
間（2秒から5秒）の間隔で行うことで、
生徒は、教師をたたく前に、クラッカー
を手に取るようになります。こうするこ
とで、叩くという問題行動を起こさせな
いようにしています。

　応用行動分析が、強度行動障害のあ
る人への支援において、支持を得てい
るには、大きくは2つの理由があります。

　第一に、行動の改善に焦点をあてた
場合、理論的相性がよいからです。応
用行動分析は、さきほどの説明でもある
ように、行動に焦点をあてています。言
い換えれば、目に見えない当事者の「ね
がい」なるものは、客観的ではないとし
て視野外に置かれます。

　強度行動障害の方の場合、自傷行為
や他傷行為などが激しいために、その

行動障害をなんとかしなければいけないという高い緊急性があります。そのため、行動に注目する応用行動分析とは相性がよく、影響力をもっていると考えられます。

第二に、効果が出たか出なかったかが、非常に明瞭だからです。応用行動分析の実践報告では、対象となる問題行動の生起頻度の経過を示すグラフがよく出されます。これは、問題行動の増減が、実践の「評価」になることを示しています。そのため、自分たちの実践の「効果」を確かめやすく、それゆえ、実践現場としても取り入れやすいのだと考えられます。

4. これらの支援に
見えていないもの

主流となっている2つの実践的視点について検討してきました。前者の構造化は「環境」に注目しており、後者の応用行動分析は「行動」に注目し、一定の支持を得ているといえます。

これらの立場に学ぶことは多くあります。その一方、これらの視点だけで、強度行動障害の方への支援を進めることは、十分とはいえません。なぜなら、いずれの視点にも欠けている点があるからです。それは、行動障害の改善・消去

だけに焦点があてられ、その行動の背景にある本人のねがいや悩みが重視されているとはいえないからです。

本人のねがいを重視することの意味について、本章冒頭で紹介したエピソードに戻りながら、説明します。冒頭で紹介した、物を壊すことを繰り返す方は、確かに、執拗といってもよいほど、気になった物を何とかして壊そうとしていました。しかし、壊してすっきりするのかというとそういうわけではありません。壊した後、「ごめんなさい」と言いながら自ら涙を流していました。毎回ではありませんし、涙を流しても次の日には、物を壊すことがおさまるわけでもありません。それでも、彼女の涙を見て、私たちは「いかにやめさせるか」「行動障害をどうなくすか」だけ考えてしまいがちだったことを強く反省しました。行動障害とよばれる行動の中に、壊したくないという気持ちを本人がもっていることに、気づいたからです。

もし、このような彼女のねがいや悩みに気づかないまま、行動障害の改善のみに注目した実践を行っていれば、どうなっていたでしょうか。極端な場合、「問題行動は無視すればよい。そうすればいずれなくなる」といった機械的な対応をとっていたかもしれません。行動障害は、生活上、深刻な問題として立ち現

れます。そのため、その行動を改善・消去することに焦点が置かれがちです。生活が立ちゆかなくなるほどの深刻さゆえに、その行動に注目するのは仕方がないともいえます。そして、行動が改善・消去した後に、通常の支援をするという発想になりがちです。

確かに、このような対応や方針で、物を壊すといった行動障害は治まるかもしれません。でも、本人は、物を壊すという行動を起こしてしまう哀しみを理解し、気づいてほしかったのではないでしょうか。その哀しみへの共感なしに、行動の増減だけを見て、その人を理解することは、不十分であると思いますし、行動障害がなくなった「後」の職員との関係や、本人がどのような生活を創っていくのかという点で違いが出てくるように思います。

外から見て行動障害の増減だけを問題にするのではなく、本人のねがいや悩みを見ていく必要があります。

5. 本人のねがいや悩みを 大事にした実践から学ぶ

本人のねがいや悩みを大事にする実践とはどのようなもので、何を大事にすればいいのでしょうか。いくつかの実践を紹介しながら、考えていきます。

みぬま福祉会の実践

みぬま福祉会は、埼玉にある社会福祉法人です。みぬま福祉会では、理念の1つとして「どんな障害をもっていても、希望すればいつでも入れる社会福祉施設づくりを総合的に推進します」とあるように、障害の重い方や行動障害のある方が働き、生活できる施設づくりを進めています。みぬま福祉会の作業所にも、強度行動障害のある方が、働き暮らしています。みぬま福祉会での強度行動障害のある方を対象にした実践（篠崎, 2005・みぬま福祉会, 2014）をもとに紹介します。

実践の対象となっているのは、Hさん（篠崎, 2005による）です。Hさんは、「あ〜う〜」といった発語のみで、重度の知的障害、および自閉症がありました。強度行動障害のチェック表では43点という高い得点を示していました。この点数からもわかるように、水中毒という水を飲むことへの強いこだわりがあり、外に突発的に飛び出したり、また、落ちているごみやキャップなどを口に入れるような異食というこだわりもありました。ただし、もともとこのような強いこだわりがある方ではなく、むしろ「手のかからない人」というイメージだったそうです。Hさんは、父の死や引っ越しなどをきっかけに、強いこだわりが見られるように

強度行動障害のある人に対する教育実践の現状と展望　43

なったようです。

　Ｈさんに対して、みぬまの職員集団は、「(1)発達的な見方を中心におく」、「(2)人との関わりを大事にする」、「(3)要求に支配されるのでなく、要求の主体に：水へのこだわりのとりくみ」という３つの方針を実践をしながら設定されました。ここでは、特に、水中毒のため入院に至るまでいたった(3)の水へのこだわりへのとりくみに注目して検討します。なぜならここに、本人のねがいや悩みを大事にすることの意味を学ぶことができるからです。

　Ｈさんの水に対するこだわりは、以下のように記述されています。

　「飲むことへのこだわりが激しくなり、水を過剰に摂取し、止められるとトイレの水や散歩中の用水路の水でも飲んでいました。そうして、水中毒を引き起こしてしまい、命が危ぶまれることがありました」（みぬま福祉会, 2014, p122）。

　このような状態に対して、職員の思いも、次のように率直に語られます。

　「職員としては水の制限をしなければいけない、でもＨさんにはそれがわからない、日々職員とＨさんの間に水を止めることで大騒ぎが起こります。」（みぬま福祉会, 2014, p122-123）。このようにＨさんと職員との葛藤の結果、「しだいに嚙み付くなどの他害行動が起こり、一

人の職員では止められないようになっていました」（みぬま福祉会, 2014, p123）というように、どんどん行動障害が強く、激しくなっていく悪循環が描かれます。

　実践が、このような悪循環に陥ってしまうことはしばしばみられます。ある入所施設の利用者では、コーヒーを飲みたい気持ちが強く、常にコーヒーを飲もうとします。そのため、職員が目を離したすきに、職員室に入ってコーヒー缶やコーヒー豆を探します。そして、それがかなわないときは施設を出て、一般の家に無断に入るというアクシデントもあり大騒ぎになったことがありました。そして、職員がより強く注意し、コーヒーを制限することで、ますますコーヒーへのこだわりが強くなっていきました。

　Ｈさんのように、職員とのぶつかりあいが起きたとき、職員が力で制止しようとしたり、場合によっては、虐待に近い形で身体を拘束したり殴ってしまうことも起こりえます。別のある入所施設では、実際に、夜勤中に、大声を出して走り回る自閉症の方に対し、職員が投げ飛ばしてしまい、腕の骨を骨折させてしまう事件も起きました。このような対応は、決して許されることではありません。そのうえでとなりますが、ほとんどの職員もはじめから体罰的な行為をしようと思っているわけではありません。制止し

てもどんどん行動障害が強くなって、対応の道筋が見えてこなくなったり、また、物理的・心理的に孤立無援の状況に追い込まれることで対応に冷静さを欠いてしまうことがあるからだと思います（実際、入所施設によっては、夜中25人の利用者を1人の職員で見なければいけません。この条件で、強度行動障害の強い利用者に対し、冷静さを保ったまま勤務するには、長年の経験と、体力、理性が必要になってくることは、想像がつくと思います）。

話が少し脱線しました。Hさんの話に戻しましょう。水への強いこだわりがあったHさんに対して、職員集団は、次のような対応をとりました。

それは、禁止するだけの対応にしないこと、そして、気持ちに寄り添おうということです。そして、このことを、心がけだけのレベルにとどまらず、具体的な取り組みとして実現化されていきました。その1つとして、「お茶会」という時間を設けて、コーヒーメーカーで、コーヒーを淹れて他の仲間と一緒に飲むという取り組みが紹介されています。

取り組みをはじめた当初、Hさんはすぐにコーヒーを飲むことができずにイライラしていました。しかし、待っていればおいしいコーヒーが飲めることがわかって、表情にも余裕がでてきたそう

です。

その様子をふまえて、職員は取り組みを発展させます。Hさんに、コーヒーをまわりの仲間に配るようにお願いします。Hさんは、戸惑いながらも淹れてあげて、仲間からもらった「ありがとう」という言葉を感じられるようになってきたと報告しています。

このような取り組みを通して、Hさんはコーヒーを楽しむようになり、また、むやみに水を飲み続けることがなくなったようになりました。他の場面でも、「これでおしまいだよ」という職員の声かけを受け止められるようになっていったことが綴られています。

6. Hさんの水への
  こだわりに対する
  実践から学ぶこと

こうしてHさんは水への執拗なこだわりを軽減していきました。もっとも、他にも様々な取り組み・かかわりが行われており、この「コーヒーを淹れる・一緒に飲む・配る」実践がすべてではありませんし、ましてや、「コーヒーを淹れる取り組みをすれば、水中毒がなおる」といったハウツーを伝えたいわけではありません。重要なのは、この実践の背景にある障害のある人の理解のあり方や、支援で大事にしたいエッセンスを学ぶこ

強度行動障害のある人に対する教育実践の現状と展望　45

とです。

　Hさんに対する実践から、私たちは何を学ぶことができるのでしょうか。大きくは3つのことを学ぶことができます。

　1つは、「水へのこだわりをなくそう」というところから出発していない点です。「水中毒」として入院するぐらいのこだわりです。職員はきっと、なおってほしいとねがっていたことでしょう。ただ、そこが出発点になってしまうと、「写真などの具体的刺激を使って、『水は3杯まで』とわかりやすく伝える」といった支援になっていたかもしれません。また、水を飲むスペースを視覚的に作って、そこでだけ飲んでもらうといった支援になっていたでしょう。もしくは、水を飲みたい要求を見せた瞬間に、本人の別な好きなもの（クラッカーなど）をすぐに口に入れる、そうすることで水を飲ませない、といった対応も考えられます。実際、そういう支援もありそうです。

　しかし、本実践はこのような実践をとっていません。なぜなら、本人のねがいとかけ離れているからです。もっとも、Hさんのねがいは、明確にはわかりません。実践者も、「Hさんのねがいは、〜〜である」と断定もしていません。ただ、それでも、本人のねがいを知ろうとすることなしに、「水へのこだわりをなくす」ことを「正しい」ものとして進め

ることについて、職員は慎重な姿勢でした。実際、本人は、本心かどうかはともかく、水を求めています。その事実をぬきに、「こだわりをなくす」ことを正当化することに慎重です。

　もう1つは、「豊かな生活」を大事にしたいという職員のねがいを大事にしていることです。これは、先ほどの「本人のねがいを大事にする」ことと矛盾しているように見えます。極論としては、「本人の要求だからトイレの水を飲んでもいいじゃん、自己責任で」と考えることもできなくはありません。しかし、職員は、本人のねがいに寄り添うといっても、トイレの水を飲むことを、そのまま「いいよ」とはしません。身体に悪く、再入院の可能性もあるからです。そして、それ以上に、トイレの水を飲むことが豊かな生活だとは思えないからです。「豊かな生活」という意味は、人によって違うかもしれません。しかし、「トイレの水を飲む」ことと「コーヒーを一杯、仲間と飲む」こと、どちらが豊か？　と考えれば、答えは明白でしょう。行動障害の激しい利用者の場合、行動障害に注目されがちで、「豊かな生活」という視点がぬけがちです。しかし、豊かな生活を考えた場合、「飲むのを許すか許さないか」という悩みかたではなく、「飲む質をどう豊かにできるか」という悩み方ができる

46　特論

ようになります。

　もっとも、いくら「豊かな生活」が大事だといっても、それを「押しつけ」ることがあっては、ねがいに寄り添ってはいませんし、結局、ここまで批判してきた実践と同じことになってしまいます。

　「本人のねがいを大事にする」ことをベースにしつつ、豊かな生活を大事に、という職員の思いがあわさって、「コーヒーを淹れて一緒に飲む」という実践が具体化していくプロセスが重要です。このような実践は簡単ではありません。ですが、その方向性は十分に学べるし、応用できると思います。

　実際、強度行動障害に対するいくつかの実践では、このような視点からなされてきたものがあります。例えば、びわこ学園で、長年職員として働いてきた田中（2008）は、行動障害のある利用者（田中は「園生さん」とよんでいます）に対して、粘土を用いて、本人の「やりたい」ことを大事にしながら、数年の単位をかけて、園生さんが粘土への取り組みを通して変わっていく様子を報告しています。

7. 本人も気づいていない 「見えないねがい」を 探していく

　もう1つ、本人のねがいを大事にする、という意味で追加しておきたい点があり

ます。それは、本人が気づいていない（自覚していない）「見えないねがい」も大事にするということです。これは、一見矛盾した表現かもしれません。本人のねがいを大事にするといいながら、本人が気づいていないのであれば大事にしようがないからです。もっといえば、「あなたは自分のねがいを気づいていないけど、支援者の私はわかっている。だから『見えないねがい』をもとにすすめる」というのは一歩間違えば、支援者の思いだけで実践を進めることになってしまいます。結局、利用者のねがいを大事にしていないことにつながります。ねがいを大事にすると思っているだけにたちが悪いともいえます。

　一方、少し話がややこしくなるのですが、目に見えるねがいを大事にするだけでも実践としては前に進まないことが多いです。例えば、「名前を変えたい」「整形したい」と繰り返す高機能自閉症スペクトラムの青年がいました。このような「ねがい」を繰り返し聞かれた場合、みなさんはその「ねがい」を実現することに躊躇すると思います。少なくとも私はそうです。「親にもらった名前や顔をいじるのはダメだ」という倫理的な理由からではありません。そうではなく、彼の本当のねがいは、「名前を変えたい」とは別のところにあるように感じ

るからです。実際、理由を尋ねると、「自分がうまくいかないのは名前が悪いからだ」「自分の顔さえ変わればコミュニケーションがとれるようになる」と話しました。彼のねがいは、名前や顔を変えることそのものではなく、他人とコミュニケーションをとりたいという点にあります。そうであれば、かかわりかたも変わってきます。

　Hさんのコーヒーを一緒に淹れる、誰かに配るという取り組みも、「見えないねがい」を大事にすることの1つだと考えられます。Hさんは、水を飲もうとする行動はありましたが、一緒に淹れることや誰かに配るという行動を自らとることはありませんでした。そういう意味では、Hさんのねがいではありません。しかし、職員は、Hさんの様々な様子から判断して、こだわりの1つの要因として、安心できる存在をつくれずにいたことを想定します。それゆえ、安心できる存在をつくるために、「一緒にコーヒーを淹れる」「誰かにコーヒーを配る」行動を求めたのだと思います。もっとも、この時点で、職員は、彼のねがいが「見えていた」わけではないと思います。最初は、支援者も明確にわかるわけではありません。取り組みの途中や終わってから、利用者のねがいが見えてくるものだと思いますし、取り組んでみて、「あ、Hさん

のねがいはこうじゃなかった」と気づくこともあるかと思います（佐藤・赤木，2009も参照）。

　このようにはっきりとはわからない「見えないねがい」ですが、しかし、利用者のねがいに深く寄り添っていくうえでは、欠かせない視点であるといえます。また、このような「見えないねがい」をつかむには、日ごろの様子を注意深く見るだけではなく、発達的な視点が重要です。なぜなら、これまでの発達研究では、ある特定の発達段階に特徴的な要求があることが明らかになってきたからです。例えば、発達的に2、3歳の段階にある場合、「イヤ」といった拒否を頻繁に示すことがあります。これは、拒否したいのではなく、拒否を示すことで、自分の存在を発揮したいねがい（見えないねがい）があることが明らかにされてきました（松本・川田・常田・赤木、2012）。そのため、「イヤ、と言わないの」と真正面から説得するのではなく、自分を発揮する場面を生活のなかで組織することが実勢としては重要になります。このような発達的視点にもとづく「見えないねがい」は発達要求として検討されてきました。

　「見えないねがい」を見ていく視点は様々ですが、発達的な視点から検討することが重要ですし、実際、このような

視点から強度行動障害の利用者への実践も行われてきています（赤木・北口, 2008）。

8. おわりに

行動障害の激しさゆえに、その行動に目がとらわれがちですし、その行動をなくすことが実践の最優先課題となりがちです。もちろん、行動障害を少しでも和らげることは大事です。ただ、その一方で、行動障害のある人が、何に悩んでいるのか、何をねがっているのかを粘り強く私たちが考えることも重要です。

日々の私たちの実践観や障害観が問われているともいえます。

そして、彼らのねがいをつかむためには、様々な知識を学ぶと同時に、職員集団で雑談も含めて、当事者のちょっとした変化や特徴的な様子をお互いに話しあい、気づき合っていく、いわば日々の職員集団のありかたも大事だといえます。

【文献】
赤木和重・北口美弥子（2008）激しい器物破壊行動を示した自閉症者に対する支援：対人関係の発達および衝動性の緩和に注目して　人間発達研究所紀要20・21, 92-102.

勝井陽子（2013）強度行動障害に関する政策変遷についての考察：強度行動障害特別処遇事業から支援費制度まで　社会福祉学, 54(3), 29-40.

行動障害児（者）研究会（1989）強度行動障害児（者）の行動改善および処遇のあり方に関する研究　財団法人キリン記念財団

松本博雄・川田学・常田美穂・赤木和重（2012）0123発達と保育：年齢から読み解く子どもの世界　ミネルヴァ書房

みぬま福祉会（2014）みぬまのちから：ねがいと困難を宝に　全障研出版部

中島洋子（2005）重度自閉症の思春期　障害者問題研究, 33(1), 18-26.

NPO法人全国地域生活支援ネットワーク（監修）（2018）行動のある人の「暮らし」を支える（第3版）中央法規

奥田健次（2012）メリットの法則：行動分析学・実践編　集英社

佐々木正美（2008）自閉症児のためのTEACCHハンドブック　学研

佐藤比呂二・赤木和重（2009）ホントのねがいをつかむ：自閉症児を育てる教育実践　全障研出版部

篠崎秀一（2005）強度高障害の仲間によりそって：Hさんの取り組みから見えてきたこと　障害者問題研究, 33, 44-48.

白石正久（2005）重度自閉症の行動と発達　障害者問題研究, 33, 10-17.

田中敬三（2008）粘土でにゃにゅにょ：土が命のかたまりになった！　岩波ジュニア新書

財団法人日本知的障害者福祉協会（2005）平成15・16年度全国知的障害児・者施設実態調査報告書　財団法人日本知的障害者福祉協会

実 践

子どもたちが教えてくれたこと

滋賀県立甲良養護学校
木澤　愛子
Kizawa Aiko

はじめに

　私は長く、重症児クラスの担任をしてきました。その中で難しいなぁと感じることは、やはり障害が重いがゆえに表出が微細であること、表出までに時間がかかることから、どんなふうに感じているのかなぁ、どうしたいのかなぁ、ということがわかりにくいことです。

　しかし、ともに過ごし、様々な学習に向かう中で、何かを感じ取り、心を動かし、もっと知りたい、もっとわかりたいと、少しずつ気持ちを外に向けて広げていっている。そう感じることができる瞬間があるのです。その瞬間を感じるために授業づくりに取り組んでいるような気がします。

　たとえば、「みる・きく」の担当をすることが多く、どんな授業をするか、どんな題材をもってくるか、毎回悩み、苦しみ、失敗の連続という方がぴったりの日々です。実践報告をすると「どうやってこうしたお話を見つけられたのですか？」「これはおもしろいよ、子どもたちが喜ぶよ、という教材（題材）をいくつか教えてください」という質問が出てきます。いつも答えに困ってしまうのです。この時期（学年、季節など）の、この子どもたちの集団で、この教師集団でするのにぴったりだった。という過去形でお話しすることはできるのですが、それがいつでもどの子にも当てはまるものではないのです。

　授業をつくる中で、このお話なら、こんな活動ができる（『大きなかぶ』〈福音館書店、1966〉なら引っ張る活動）と

いう考えもあるかもしれません。しかし、運動障害の重い子どもたちを前に、どの学習でも運動機能の向上だけを求めていていいのか？　この子たちの生きる力を豊かにするものは、もっとほかにもあるのではないかと思うのです。活動することを目的にするのではなく、感じることが重要だと思っています。お話の良さを感じるために必要な活動を設定することはありますが、活動そのものを目的にしてはいません。

　もちろん、絵本が好きなので好きなお話、好きな絵本がいくつかあります。でも、私が好きだから……だけでは授業にはできないのです。日常生活のちょっとした様子（４月、知っている先生とならお茶もごくごく飲むのに新しい先生とは緊張して飲めない。先生の方もあせってる）、引き継ぎや過去の資料、保護者との会話や連絡帳の内容から生活の状況を知る（せいちゃんは低緊張で抱っこしにくいこと、お家が美容院をされていて忙しく、寝て過ごすことが多いこと）などの情報をもとに、今この子たちはどんな気持ちなのかな？　どんなことを伝えるといいかな？　強く意識していなくても心の片隅にいつもあるのです。何冊絵本を読んでも「これだ」と思えるものに出会えないことが多いです。それは突然やってくるのです。偶然手にした本に

ひらめくことが多いです。どんな時にひらめくか、それはお話の向こう側に子どもたちの姿が見えてきた時です。『ハグタイム』（パトリック・マクドネル、あすなろ書房、2008）でいえば猫のジュールが旅に出て、世界中のいろいろなものを抱きしめていく様子に、学校に通い、様々な経験をして自分の世界を広げていく、クラスの子どもたちの姿が重なって見えてきます。出会った人、出来事が好きになる。愛されていることを実感できた時、「私も好き」って愛情を伝えることができるのでは。学校って子どもにとってそんなところでは？　低学年の子どもたちにこういう気持ちを伝えておきたいと思えた時から授業づくりが始まるのです。子どもたちは今こんな気持ちで、こんなことを願っているのではないか？　と想像したこと、そんな子どもたちに私たち教師が伝えたい思い、をすり合わせていく。それをお話がつないでくれる。そんな感じでしょうか。眠ってしまったり、指をくわえてうーうー言って、自分の中の快・不快にこもってしまっていたせいちゃんが、ハグをした後ににっこり笑って見つめてくれた時の感動は忘れられません。

　授業をすすめていく中で、何度も見直しを迫られる場面が出てきます。『ハグタイム』では紙芝居のめくりや隣にいる

先生に気が向いてしまうみきちゃん。それでもお話を気にしている姿もあると気づいた時、みきちゃんがお話に集中できるように動きや言葉や視線などの整理をしていきます。何を大切にする場面か再確認することでみきちゃんはお話に気持ちを向けていくことができたのです。(詳しくは『障害のある子どもの教育目標・教育評価　重症児を中心に』クリエイツかもがわ、2014)

　2006年、2007年の2年間でしたが、前任校の滋賀県立八日市養護学校で、知的障害・自閉症の子どもたちのクラスの担任をしたことがあります。その頃、自閉症の障害特性に配慮し、構造化、視覚支援、個別のスケージュールは基本といわれ、まずその形から入るような風潮がありました。私が担任したのは小学部、知的障害は比較的軽い子どもたちのクラスでした。みんな、勉強したい、賢くなりたいと意欲満々の子どもたちでした。自閉症の子どもたちを担任していて難しいなぁと感じることは、独特の聞こえ方、見え方、感じ方があってその表出の仕方も激しくて、何がいやだったのかなぁ、何があったのかなぁと考える間がなかったり、気持ちがすぐにわかってあげられないことです。そして、重症児とは違って運動障害がないため、厳しく

指導されたり、カードなどを使ってすることがわかると、(わかっていてもいなくても、やりたくなくても)そのとおりにできてしまうことです。

　この2年間の経験は、障害の違いはあるものの、子ども理解や授業づくりでは、共通することが多いというか、同じだなぁと確信することができました。障害からくるつらさや悲しみを理解しつつも、そんなことを忘れてのめりこめるようなことを授業で取り組んでいくことが重要なのだと。その中で改めて、子どもの本当の心やねがいを理解するというのはとても難しいということ、しかし、それを理解していくことに教育としての価値ややりがいがあるのではないかと気づかされたように感じています。

1.「んなぎ」

　私は主に1年生の学習を担当していましたが、1年生のひらがなの学習で、書くことも大事だけれど、「『あ』のつくものなーんだ」と言葉集めのようなことをしていた時のことです。みんなでいろいろな言葉を出し合う中で語彙を増やしていくことが大事だと思ってやっていました。みんな競い合うように手をあげて黒板一杯になるまでしました。

　『ん』の学習をした時です。「『ん』か

ら始まる言葉はないんだよ。だからしり
とりでは『ん』がついたら終わりなんだ
よ」みたいな説明をたどたどしくしてい
たら、ふだんあまり発言しないたくちゃ
んが「あります！」と真面目な顔で言い
ます。「何ですか？」と尋ねると、なん
と！「んなぎ」ですって。おーすごい！
しかも面白い。と私は素直に思ってし
まい驚いていると、ほかの子どもたちも
「あったなぁ」「あったやんか」「うん、あっ
た」って大喜びして終わりました。

　こんなことしてるって言ったら「間
違ったこと教えてる！」と怒られるのは
十分わかっていますが、なんだか私に
は「違います」なんて訂正できなかった。
素直に「すごいなぁ」「よく考えたなぁ」
「大発見！」と思ったからです。子ども
たちも考えることの大切さや、発見の喜
びが感じられたのではないでしょうか。
自閉症の子どもは一度学習してしまうと
修正や変更がしにくいので「誤学習」さ
せてはいけない。「教師が教えているこ
と以外のことをしたり、言ったりしたら
厳しく注意する」と大きな声で言う先生
がいる中で、この楽しい出来事を職員
室で話せずにいたのですが、私の心か
ら離れない思い出なのです。先生が「な
い」と言っているのに、「もしかしたら
あるかもしれない」と、うんとうんと考
えて、たった6年しか生きていないのに、

障害があって興味関心の幅も狭められ
ているのに、自分の知っている言葉を思
い出して探し出して、「あった！」と教
えてくれたのです。

　ちなみに、たくちゃんはもう高等部を
卒業してしまっていますが、以前さりげ
なく確認したところ、ちゃんと「んなぎ」
ではなく「うなぎ」だと知っていました。
そんなもんです。何だか大げさかもしれ
ませんが、障害のあるなしにかかわらず、
こういう考える力をもった子、発見の喜
びを知っている子たちが、未来に世界を
変える大発見をする人間になるんじゃな
いかという希望さえ感じます。だからと
言って、間違ったことを教えていいのだ
とか、教師の言っていることも疑ってか
かれ、などということを言いたいのでは
ありません。たくちゃんの発言から、私
たちは、語彙を増やすことを目標にして
いたけれど、それも大事だけれど、知っ
ている言葉を思い浮かべてそこから探し
出す。うんとうんと考えて見つけ出すと
いうことに子どもたちは手ごたえや価値
を感じるのだと気づき、その時は無意識
だったと思うのですが目標の立て直しを
していたのです。

　目標が、教師の側だけにある場合、
その目標に子どもたちをあてはめていく
ばかりで目標を達成した時以外、変更
することや修正することはほとんどない

子どもたちが教えてくれたこと　53

と思われます。ですから、〇〇法や〇〇プログラムといった方法が教育内容そのものになってしまうことがあるのかもしれません。しかし、それは教育の目標と言っていいものなのか？　私たちは子どもたちが何を願っているのかを読み取って目標を立て、その姿から随時、目標の立て直しや修正を求められるものだと思ったのです。

2. はるちゃんとの出会い

　はるちゃんは（当時2年生）、自閉症で、「強度のさらされ不安」、他人からの視線は恐怖で強い痛みを感じる程だと聞きました。名前の掲示や、配布物への名前の掲載も負担になるのでしないようにと学校全体で確認されていました。集団に対して強い抵抗を示す子どもで、個別の対応が必要と言われていました。実際、衝立で囲った個別のスペースで過ごし、突然奇声をあげてものを投げたりしていた子でした。

　様々な学習や、友だち、先生との関わり（参加したくなるような授業、クラス集団づくりを意識しつつ、「する」「しない」を決められることを大切にしていました）から、部分的に集団に参加したり、自分で衝立をはずしていったりと、大きな変化を遂げた2年生、3年生の2年間をはるちゃんの個別の対応をしていた三坪先生と、1年生の学習の担当をしていた野村先生と一緒にレポートにまとめていました。2年生だったはるちゃんにとって、1年生は適度にどんくさく、言葉でのやりとりが可能で「いや」「やめて」と言えば、それ以上関わってこないし、お兄さんらしく「こっちだよ」「こうしたらいいんだよ」と面倒をみることのできる存在で、とても気にしている様子があり、少しずつ交流できるようになっていきました。1年生との交流を深める中で、本当は同じ学年の友だちと電車の話がしたいという思いにも気づき、さりげなく交流できる場面をつくるなどして少しずつ世界が広がっていきました。そして3年生の後半になって、自ら衝立を「こんなもの！　こんなもの！　もう、いらないんだ！」と破壊してしまいました。その激しい姿にもかかわらず、表情は誇らしく笑顔のようにも見え

出会ったころのはるちゃん

たことを覚えています。そして、あんなにもはるちゃんに集団での活動の楽しさを感じてほしいと願っていた私たちなのに、慌てふためいて「はるちゃん、そんなこと言わんと、何ぞの時のために大事に取っとき！」と必死で止めていたことも、今となっては笑い話で、懐かしい思い出です。

　「みる・きく・はなす」の授業では、私たちのクラスの子どもたちにとっては、ストーリーの理解や教師や友だちとのみたて、つもりを共有しあいイメージを育てる活動が話し言葉を豊かにしていくために必要な課題であると押さえました。そこで2〜4年生グループでは話し言葉を豊かに展開しつつ、書き言葉へのあこがれがもてる活動を中心的に行い、1年生グループはごっこあそびを中心に話し言葉でのやりとりを楽しむ活動を行うこととしました。

　ところが、はるちゃんにとっては、だれかとイメージを共有し合うことはとても苦手であり、ましてや集団での学習には参加できませんでした。1学期は1年生の「とんだのなあに」を廊下から笑いながら見られることもありました。教室の両端に衝立を立て、いろいろなものを順に投げ、衝立と衝立の間を通過する瞬間を見て、何だったかを答えるとい

うものです。1年生がキョロキョロしている様子に、「今だよ！　ちゃんと見て」「ほら、また木澤先生が落としているよ」（私は不器用でうまくキャッチできず、よく取り損ねて落として子どもたちの前に転がしてしまったりしていました）など言いながら楽しそうに顔をのぞかせているので、これはいい感じと欲が出て、「さあなんだったでしょう、はるちゃん」と指名すると、さっと顔色が変わり、「きゃー」と怒っていすを倒して逃げていったりしていました。この学習ではるちゃんの衝立を勝手に使ってひどく叱られたことがあります。「木澤さんがこんなにひどい人だと思わなかったよ」と言われ、私はひたすら謝りました。二度とこのようなことがないようにと、はるちゃんは「とったら、ないちゃうから」と、自ら衝立に名前と顔の絵を書いていました（名前の掲示は絶対にダメだったはず、文字を書くことは慎重にといわれていたが……）。そこで、はるちゃんには活動そのものには迫らずに、まず「ごっこあそび」をしている1年生たちを見ること、それを楽しいな、おもしろいなと感じることから始めました。

　2学期は『でんしゃにのって』（とよたかずひこ、アリス館、1997）という絵本をもとに「ごっこあそび」を行いました。うららちゃんといろいろな動物が、

きっぷを持って「おじゃましますよ」と言って乗り込み、切符を落としたうららちゃんに教えてあげるというストーリーで行いました。1年生たちは大喜びで毎回「わたしうららちゃん」「ぼくはへび」「うさぎしたい」「えー、わたしもうさぎ」と役選びをして、せりふを言ったりいねむりなどの動作も自分たちで考えながら取り組んでいました。はるちゃんも「おもしろそう」と笑いながら廊下から見たり、時々「早く降りないと電車が行っちゃうよ」とお話の世界に参加してくるようになってきました。

そこで新たな役として駅員さんを登場させてみました。はるちゃんがやってみたいなあと思ってくれないかと期待しました。すると、はるちゃんは自分の両手で電車をつくり、「ガタンゴトンガタンゴトン」と言いながら教室に入りみんなの周りを回ったり、「電車を整備してあげる」と言って子どもたちが座席に見立てているテーブルの下に潜り込んでなにやらごそごそ触って「はいOK、出発進行」と言ってくれました。私たちが設定した「ごっこ」ではなくて本当に自分の思い（つもり）を表した役割を演じたのです。

みたてやつもり活動というのはこうして設定されたお話をなぞるだけではなく、自分の世界を広げる活動だとはる

ちゃんが示したことで、他の子どもたちも、夏休みに重たい荷物を持って電車に乗ったことを思い出して同じように荷物を持ったお客さんになったり、うららちゃんじゃないのに切符を落として拾ってもらうことを楽しんだり、自分たちのお話の世界を広げていくことができました。いつもだったら難しいことやできないようなこともお話の世界なら可能になることを楽しんで、自分の気持ちに気づいたり友だちの姿がとらえることができるのだなあと感じました。

この子たちはお話を聞いてその内容をなぞって再現していくことは、もうできる子たちだったのです。私たちの予想を超えたところで思いもかけない力を発揮し、本当に面白いこと、大切なことを教えてくれたのは障害の特性が強く、どちらかといえば、イメージを膨らませたり誰かと共有することが難しいはずのはるちゃんだったのです。

3.「その方が、 いいと思ったから」

冬の寒い日、1年生たちは近くの公園に散歩に行くことになりました。いつも、1年生が散歩に行くと知ると、先に三輪自転車で目的地に行き「よく来たね」と迎えるはるちゃんでしたが、その日はど

三輪自転車ははるちゃんだけ

うしても「寒いから」「今日は行かないよ」と乗り気ではありませんでした。そんな日もあるよねと、1年生だけの散歩に行き、公園で「鬼ごっこ」をしたり、「どんじゃんけん」をして遊びました。すると、遅れて三輪自転車に乗ったはるちゃんがやってきたのです。自分が後から……なんて今まで考えられません。スクールバスにも必ず1番に乗車しないとひどいパニックになっていました。きっと障害から自分が後から参加して視線を受けることがつらいからだろうと思っていました。だから、私たちはこの時も「今日ははるちゃんは来ない」と思っていたのです。かわいい1年生たちは「はるちゃん、来てくれたの」と大喜び。はるちゃんもご機嫌です。「これははるちゃんのだから」と、絶対にゆずってくれなかった三輪自転車もいつも乗りたくて乗りたくてたまらなかったたくちゃんに「かしてあげるよ」とゆずり、後ろを押してあげているのです。

今から思うと私たちはなんて馬鹿だったんだろうと思うのですが、「はるちゃん、何で後から来たの？」と尋ねました。何と！「その方が、いいと思ったから」と誇らしげな顔でさらりと答えてくれました。その時、はるちゃんはすごいなぁと感動したのと同時に、「ごめんなさい」とひれ伏したい思いになったことを今もはっきりと覚えています。私たちはきっと「先生がうるさく言うから」とか「来てほしかったんでしょ」なんて言う返事

「かしてあげるよ」

子どもたちが教えてくれたこと　57

を予想していたのです。予想を超えたはるちゃんの答えとその誇らしげな表情に、私たちはどこかではるちゃんのことを見くびっていたのではないかと深く反省させられたのです。

この日、ベンチに座って休憩している1年生たちに「写真撮るよ」とカメラを向けると、1年生は、てんでバラバラの方を向いているのですが、ちょうど写るようにその前をふざけたように横切るはるちゃんの姿がありました。集合の記念写真に加わるなんて！ しかもその顔は笑っていました。

3学期末、「思い出のアルバム」づくりのため、何枚かの写真から3枚の写真を選ぶ作業をした時です。私たちはできるだけ多くの友だちと一緒に写っている写真をあらかじめ何枚か用意しました。もちろん公園での写真は「これは○だよ」と一番に選んでくれました。

実は、5月の時点でみんなの中に入っている写真がありました。それは、こいのぼりをつくってみんなで歌いながら振って泳がせていた時です。廊下で見ていたはるちゃんが中の様子を気にして教室を覗き込んで入ってきたのです。そこで大きな男の先生が「よう来たな」と肩車をして、みんなの輪の中に入ったことがありました。この時に私たちは、はるちゃんはみんなの中で学習したいと思っているのではないか、みんなと一緒にできるのではないか、と感じたのですが……。その写真は何度尋ねても「これは×だよ」と、マジックで自分の顔に×をつけてしまうのです。その様子を見ながら振り返り、考えてみると、5月の時はうっかり入ってしまったというのでしょうか。「1年生もちゃんとできたのかな？」「楽しくやってるのかな？」と中の様子を確かめようと覗き込んだら肩車されて、出られなくなった。みんなの様子を見ようとしたのは事実だからパニックにはならなかったけど、本当の自分の思いとは違ったのでは？ そういえば、肩車から降ろされるとすごい勢いで走って出て行ってしまっていたなぁ。公園での写真は、自分で行こうと決めて、「その方がいい」と思い、自分の意志で写真に入った。その違いではないかなぁと感じました。

そうすると、5月の写真で浮かれてい

ふざけたように横切るはるちゃん

この写真は×だよ

る自分の様子や、大事なことを見落としていた、ちっともわかっていない自分に愕然とするのです。見た目には、どちらも集団に入って楽しそうな姿に見えますが、はるちゃんの「思い」は、この2枚では全く違うものだったのです。私たちが本当に見ないといけないもの、気づかなくてはいけないものを教えられた気がします。

4. はるちゃん、その後

　はるちゃんや1年生たちからは本当にいろいろなことを教えてもらったように感じています。それはとても人間らしく、当たり前の姿でした。

　はるちゃんの記録の中に私たちはこんなことを書いていました。

　「学校は『できる』(能力や技術)事を増やすことだけでなく能力を自分で使いたい時に使う力(しないと決めることもできる)であり、友だちとの活動を通して『まんざらでもない自分』を感じ自分自身を好きになり、自分の願いを実現することを助ける場所なのではないでしょうか。

　はるちゃんは取り組みの中で『自分が決めたことなら、少しぐらいの困難は乗り越えられる』と気づくことができたのではないでしょうか。そこにはやりがいのある活動と共有できる友だちの姿があります。やりきったはるちゃんの笑顔がありました。『強度のさらされ不安』というのは私たちが思っている以上に、周りの世界に対して緊張や不安があるのでしょう。けれど、そうであってもはるちゃんに限らずどの子にも『自然は気持ちいい、不思議なことはおもしろい、人は優しい』ということに気づいてほしいと思います。子どもが自分の願いに気づいたり、願いをもてるようになるには、子ども達の年齢や発達にあう文化としての教科や、対等の関係が持てる仲間との生活や、行ったり来たりできるゆっくりとした時間が必要です。そのしくみをつくっていくことが私たちのやりがい

子どもたちが教えてくれたこと　59

ある仕事です。」

　はるちゃんの2年間の実践の記録を
レポートにまとめ、研究会で報告したこ
とで、たまたまそれを聞いていた先生が
中学部、高等部で担任して私たちが大
事にしてきた思いを受け継いでください
ました。はるちゃんは高等部で書記（生
徒会役員）になったそうです。話し合い
の場で意見が言いにくい障害の重い友
だちに、右の人差し指と左の人差し指
を順に差し出しながら「Aにする？　B
にする？　どちらも嫌って言ってもいい
んだよ」と優しく尋ねることのできる子
になったと聞きました。それだけでなく、
その様子に「優しいやんか、はるちゃん」
と声をかけられると、「僕が困っていた
時にしてもらってきたことをしているだ
けだよ」と答えたということです。そし
て、自信に満ちた姿で高等部を卒業し
たと聞いています。

　はるちゃんはしっかりお話ができる子
だったので、私たちは指を出して……
といったことはしたことがありませんで
したが（きっとほかの先生がていねいに
関わっておられる姿をちゃんと見ていた
のでしょう）、こちらの思いも伝えなが
らも「はるちゃんはどうする？」と尋ね
て「しない」も「そんなこともあるよね」
と受け止めてきたことが、こんなふうに
伝わっていたのならうれしいなぁと思え

ました。また、その思いを大切に引き継
いで関わってくださった先生方がいたこ
とにも感謝します。

5. 私たちのしごと

　こうして、過去の実践を振り返りなが
ら改めて気づくことがありました。

　それは、私たちが思っている以上に
子どもたちはすごい力を秘めているとい
うこと。大事なことを私たちに教えてく
れているということです。

　そして私たちは、子どもたちを障害や、
行動、目に見える所だけで見ようとして
いない、障害からくるしんどさ、つらさ
を理解しつつ、行動や動きから心の動
き、彼らのささやかで切実な願いをわか
りたいと、試行錯誤していたということ
です。しかしそれは時に、時間がかかっ
たり、ずいぶん後になって気づくことも
多くありました。「脇が甘いのでは」「甘
やかしているのでは」と思われたり、思っ
たりしたことも多々ありました。

　でも、私たちは子どもの気持ちを理
解するのがあまり得意ではないというこ
と、子どもの気持ちを理解するのは難し
いということを自覚しているということ
です。だから、より、子どもの気持ちを
わかりたいと願うことができるのです。

　三木裕和先生がいうように、私たち

60　実践

の仕事は「人間を大切にするしごと」に
なっているでしょうか？

　灰谷健次郎の『天の瞳』（角川文庫）
という長編小説に、とても印象に残る場
面があります。主人公の倫太郎の作文
なのですが……。

　山原先生は、まず「うちの人」の課題作
文を宿題に出した。
　集まった子どもたちの作文の中から、
まっ先に倫太郎の作文を抜き出して読ん
だ。秋に書いた倫太郎の作文が、山原先生
によほど強い印象を与えていたのだろう。

　　　じいちゃん
　　　　　　　　おぜ　りんたろう
　けいさんのべんきょうをしていて、あき
てきたので
　「もう、やんび」
　といったら、じいちゃんが
　「それはおまえのしごとじゃろ」
　といいました。
　「こどもはしごとはせえへん」
　といったら
　「こどもでも、おとなでも、じいちゃん
のようなとしよりでも、にんげんにはだれ
にでもしごとはある」
　といいました。
　「ほな、じいちゃんのしごとはなんや」
　とぼくはききました。
　「じいちゃんはずっとながいことだいく
のしごとをしてきて、いまはうちでぼーと
するのがしごと、おまえがいつきてもいい

ように、ここにいるのが、じいちゃんのし
ごとや」
　といいました。
　じいちゃんはぼくのノートに４＋５＝
10とかきました。
　「４と５と10でしごとや」
　といいました。
　「４と５は９や」
　とぼくはいいました。
　じいちゃんはノートに、４＋５＝９とか
いて
　「４と５と９は、しごくや」
　といいました。

　倫太郎の作文は、まだ続く。

　「しごととしごくはえらいちがいや」
　そうゆうて、じいちゃんはまたぼくの
ノートに４＋５＋１＝10とかきました。
　「４＋５を10にするためにはあそびとい
う１をたさんとあかん。あそびごころはも
のをたのしむこころのことや」
　とじいちゃんはいいました。ぼくは、ふー
んといいました。それから、じいちゃんに
いいました。
　「ぼくは、しごくより、しごとのほうが
ええ」
　じいちゃんは
　「ほうかほうか」
　とゆうて、ぼくのあたまをなでてくれま
した。

　私たちの仕事が「しごく」になってい
ないかと、ドキッとしませんか？　こう

子どもたちが教えてくれたこと　61

でなくてはならないという大人の価値観にがんじがらめになった目標を押しつけて子どもを評価していないでしょうか? なんとなく、学校が窮屈で息苦しいものになってるのは、枠からはみ出た「プラス1」の部分が排除されたり、わはははと笑いあえる余裕がなくなってきているのではないでしょうか? 困ったなぁ、どうしようもないなぁと思える子どもの姿も愛おしいと感じ、笑って付き合える時間や実践が大事にされる「学校」や「教師」でありたいと思います。

「あそびごころ」「ものをたのしむこころ」でいいと思うのですが、三木先生の言葉を借りながら、今の教育のしんどさから言い換えると、大人の思い通りのいい子だから愛されるのではなく、弱さ、未熟さの中に人間としての大事な価値を見出し大切にされる、プラス1の「愛」(人類を代表して子どもを愛する専門性)のある教育の目標、評価が「しごと」にしてくれるのではないでしょうか。

実 践

友だちが心に灯った時「ごめんなさい」のことば

大阪市立小学校
大島 悦子
Oshima Estuko

1. まんざらでもない自分を見つけてほしい

　こゆきちゃんは特別支援学校高等部。私は、こゆきちゃんが小学校を卒業する年に、彼女の担任になりました。
　「いつもやりたいことをさせてもらえない」「自分のやりたいことを、1度もやれたことがない」「どうせ、私なんて」と、こゆきちゃんの口から出ていたことばは自分を否定する悲しいことばばかりでした。私は、「楽しかった」「こんなことをがんばった」という学校生活の中での楽しい経験をしてほしいと思いました。そしてがんばった自分を一つでも心の財産にして、「まんざらでもない自分」を自分自身に贈り卒業してほしいと願いました。

　当時の支援学級（なかよし学級）は在籍21人。男子が多く、女子は少人数。しかも障害も発達も多種多様。なかよし学級のリーダーは同学年のシュウ君。私が転勤してきて、なかよし学級担任になったのは、彼らが2年生の時でした。「話を聞いてほしい」「自分のことを受けとめてほしい」と求めるシュウ君の担任になりました。その他にもエネルギーあふれる子どもたちの担任にもなりました。彼の力は絶大でした。
　こゆきちゃんはこれまで、自分の好きなままごと遊びなどを一緒にしてくれる友だちを探していました。入学してくる年下の男の子を誘ってままごとができた時は、とてもうれしそうでした。けれども、だんだんとリーダー（シュウ君）の目を気にするようになっていった男の子

友だちが心に灯った時「ごめんなさい」のことば　63

は、こゆきちゃんの誘いを断るように
なっていきました。遊ぶ相手がいなくな
り、断った子らをこゆきちゃんは「裏切
り者」とののしり泣き叫びました。

こゆきちゃんは、その日の気分でなか
よし学級の取り組みに参加するところが
ありました。4年生の時の劇「バーバパ
パの大サーカス」では、劇中劇の王女
役でしたが、前日のリハーサルが終わる
と自分の中で劇の王女役は、完結してし
まいました。なんと当日の劇がはじまる
直前に、突然いなくなりました。大あわ
てで探すと通常学級の教室にいました。
そして、「私がんばる」と授業に参加し
てしまいました。仕方なく、妹役のけい
ちゃんが代役を務めるということもあり
ました。

こんなこゆきちゃんに6年生の小学
校最後の年、はじめて自分のやりたいこ
とを一緒にしてくれる友だちグループが
できたのです。

2. 居場所を求める
　子どもたち

みきちゃんが入学。通常学級で、ま
わりの子どもたちとの違いがわかり、担
任の先生の意図はわかるけれども、「で
きない、しんどい、4年生の教室がイヤ」
となかよし学級登校となったけいちゃん
（4年生）。みずほちゃん（3年生）も、
ことばで自分の思いを表現しにくく通常
学級の中でハラハラドキドキしながらい
ることがしんどくなり、居場所をなかよ
し学級に求めてきました。みずほちゃん
は、「私もしんどい」とようやく自分の
思いをことばにして、私に助けてほしい
と言えるようになりました。

この年のなかよし学級の6月の土曜
参観の劇は、『14ひきのとんぼいけ』（い
わむらかずお、童心社、2002）でした。
4人の女の子は、14ひきのねずみのなか
の女の子役に立候補しました。一緒に
とんぼ池のまわりのお花畑をつくりまし
た。こゆきちゃんは大好きな歌のグルー
プをイメージして女の子ねずみの衣装
をつくることを提案しました。女の子た
ちは賛成してくれ、こゆきちゃんの大好
きなグループが他の子もみんな大好き
だということがわかったのです。

こうして女の子グループとして、イ
メージを共有し、役づくりをすることが
できたのです。劇の後の得意技披露は、
こゆきちゃんがこれまでやりたかったバ
トンダンスを提案。みきちゃん、けいちゃ
んを誘い一緒にすることになりました。

学校の運動場では毎週火曜日の放課
後に鼓笛隊の練習をしています。「私も
やりたい。でも、お母さんがさせてくれ
ない」。鼓笛隊の活動は休日もあり、仕

事をしているお母さんは、付きそいや送迎ができなかったのです。お母さんは、こゆきちゃんにおもちゃのバトンを買ってあげました。バトンを一人で、クルクル回すしかなかったこゆきちゃんだったのです。

　こゆきちゃんは好きな曲を選び、ふりつけも自分の考えたものを2人に教えました。私がこれまで見たことがなかったこゆきちゃんの生きいきとした姿でした。けいちゃんは、こゆきちゃんのバトンを見て、お母さんにお願いしました。

　「けいちゃん、バトンほしい」「こゆきいっしょピンクバトンほしい」。

　けいちゃんにとって、こゆきちゃんのバトン姿はあこがれになったのです。そしてこゆきちゃんにとっても、初めて自分のやりたいことを一緒に楽しんでくれる友だちとのとりくみでした。

バトンの練習

3. 夢をかなえたいという切実な思い

　こゆきちゃんにはハロウィンパーティーをしたいという長年の夢がありました。なかよし学級でやりたいけれども、男の子たちの圧力に負けて言い出すことさえできませんでした。運動会の練習の頃、私に、ぼそっとそのことを話しました。

　私は、何とか、このこゆきちゃんの夢をかなえさせてやりたい。でも、シュウ君をどう説得するか、頭を悩ませました。

　私はこの夢を実現するために「男子に秘密の女子会結成」をこゆきちゃんに提案しました。女子会の企画であること、男の子につぶされないようにハロウィンパーティーのその日まで秘密で準備することを話しました。「秘密」「女子会」このことばに、こゆきちゃんの目は輝きました。

　運動会が終わった頃、女子会メンバーに女子学生ボランティアも入り、こゆきちゃん待望のハロウィンパーティーの準備をすることになったのです。

　私がどんなおばけがいいか聞くと、こゆきちゃんとみずほちゃんは魔女がいいと言いました。2人で、どんな衣装にするか相談することになりました。けいちゃんはテレビで見た「貞子」をしたいと言い、みんなにテレビで見た様子を実

演しました。そしてみきちゃんに一緒にしようと誘いました。けれどもみきちゃんはけいちゃんの迫力ある演技におびえて断りました。それでも「みきちゃん、貞子しない。前かみ短いから」とけいちゃんを気遣う言い方で断ったのです。

困ったけいちゃんに助け舟を出したのがみずほちゃんでした。髪の長いみほ先生（学生ボランティア）に頼むことを提案したのです。

私は、子どもたちの中に「一緒にしよう」という思いが芽ばえてきていることをとてもうれしく思いました。友だちを誘う力もついてきていることもうれしいことでした。こうして男の子につぶさせずに準備が進みだしたのです。

当日は男の子も招待してハロウィンパーティーができたのです。

4. 育ち合う集団をめざして

私が赴任してきた時、シュウ君とこゆきちゃんは2年生でした。この年、なかよし学級担任4人のうち3人が転勤してきた教員でした。なかなか支援学級担任のなり手がなかったのです。けれども、このことは子どもたちや保護者にとっては、毎年、なかよし学級担任が変わることで、その不安は大きいものでした。

子どもたちは、私に、「先生、2学期もいてる？」「オレの5年の林間学校は一緒に行ってや」「6年の修学旅行もやで」と、何度も確かめに来ました。

シュウ君は、登校するとすぐに私のところに来ました。そして、「先生、給食一緒に食べような」「オレの話、聞いてや」とまとわりつくように求めてきました。

1年生の時のシュウ君は、すぐに教室から飛びだし、はだしで走り回っていたとのことでした。私は、シュウ君の自分の思いを受けとめてほしい、自分のことをわかってほしいという思いを大切にしたいと思いました。と同時になかよし学級で、なんとか集団での学習やとりくみをしていけないだろうかと思いました。

当時は、子どもたちは通常学級の国語や算数の時間になかよし学級に学習に来ていました。4人のなかよし学級の先生は、自分の担当する子どもの学習を個別に指導していました。お互いの学習に支障が出ないようにホワイトボードの壁で区切られていたのです。

私は、子どもたちがなかよし学級という場に居合わせているのに、担当する先生以外と会話さえしないことにびっくりしました。私はこれまで、どの子どもにも、何よりも人と関わる力を身につけさせたいと願ってきました。そして一人ひとりの思いを出せるような先生との信頼関係を築くこと、子どもの自我を育て子

ども同士が育ち合う特別支援学級集団をつくることをめざしてきました。

　私は他の先生方に、私のめざしている学級づくりを話しました。そしてさっそく子どもたちの関係を切っている壁をとりのぞきました。予想した通り、子ども同士のぶつかり合い、トラブルは毎日起こりました。けれども、その一つひとつを担任集団として考え合うことで、より良い方向性を探っていきました。

　私は、子どもたちをつなぐためにも、目的をもったなかよし学級の行事やとりくみをすることにしました。週に2時間、なかよし学級で合同の集団のとりくみとして、なかよし集会を設定しました。火曜日の2時間目は、「お話」の時間。金曜日の2時間目は、「作る」の時間としました。なかよし学級に集まる時間を確保するためには、全校24学級の時間割を調整する大変な仕事があります。また、日々の保健行事や学校行事と重ならないように配慮してもらうことにも力を注ぎました。

　「なかよし集会は、子どもたちにとって、意味のある大切な教育であること」を、教職員や保護者に理解してもらい協力してもらうためには、どうしたらいいのかと考えました。そして、6月の土曜参観の日に、劇のとりくみの発表をし、子どもたちの生きいきした姿を通して、

劇の発表

そのことを示そうと思いました。

　こうして、毎年、6月の土曜参観は、なかよし学級の劇の発表が定着していったのです。

5. シュウ君と私

　シュウ君にとって、私は学校の中での母ちゃんのような存在でした。体調が悪くなり、お母さんが家を離れ療養することが多くなると、不安定さは増していきました。友だちとのトラブルでは大暴れになることもありました。私は、その大暴れや暴言の背景には、家族のかかえる困難と、彼のやりきれない寂しさを痛く感じました。

　お父さんが早朝から仕事に出られるため、朝食をとらずに登校することも多くなりました。私たち担任は、シュウ君と一緒にごはんを炊きました。そして、私は家から卵を持ってきました。私の息

子が働いている農場からわけてもらったものです。平飼いのニワトリから産まれた卵の味は格別でした。シュウ君は、「うまい。こんなうまい卵かけごはんは食べたことがない」と、すっかり大島卵のファンになったのです。

　お腹が満たされると、シュウ君は、家族のこと、自分のことを一気に私に話しました。このようなシュウ君にとって、そもそも私が6年生になってから、こゆきちゃんの担任にもなったことは気にくわないことでした。

　2学期の運動会が終わった頃から、女の子の動きが気になりだしました。なによりも、こゆきちゃんが、妙に生きいきと、うれしそうにしていることが。

　ある日、私はシュウ君に問いつめられました。「先生、何かあやしい。何かかくしてるやろ」と。

　こうなっては、私も隠し通すことはできません。こゆきちゃんの夢だったハロウィンパーティーを実現させてほしいこと。つぶさずに協力してほしいこと。ハロウィンパーティーには、男の子を招待するので、来てほしいこと。

　このことをシュウ君に話しました。

　このハロウィンパーティーでは、学習園でとれたさつまいもを焼いて食べることになっていましたが、これに加えて、シュウ君には、特別メニューを用意する

ことをそっと耳打ちしました。

　「わかった。協力してやるわ」「みんなに参加するように言ってやるわ」と。そして、ハロウィンパーティーが終わったら、男の子たちの企画でクリスマス会をすることも約束しました。

6.「ごめんなさい」が言えた!!

　12月のある日の5時間目。「みきちゃん。もうきらい」「パティシエごっこ待っていたのに」と涙をこらえながらこゆきちゃんが叫びました。みきちゃんは、目をパチクリ。なぜこゆきちゃんが自分のことを突然きらいというのか、何のことかさっぱりわかりません。こゆきちゃんの怒りは一向におさまりません。

　次の日の朝。「みきちゃん、早く、なかよしこないかなー」とみきちゃんを待つこゆきちゃん。昨日の怒りはすっかり忘れているこゆきちゃん。私が、そのことを言うと、「昨日のことは忘れてるって」とこゆきちゃんは平気な顔。担任集団でこゆきちゃんに、「忘れてないでー」「みきちゃん怒ってるでー」「忘れたいのは、あんたこゆきやろう」と次々と話しました。しばらくすると、フッと姿を消していたこゆきちゃんが息を切ってなかよし学級に帰ってきました。そして私に、「みきちゃん許してくれた」とうれ

しそうに報告したのです。後でみきちゃんの１年生の担任の先生にお聞きすると、こゆきちゃんが１年生の教室の廊下を行ったり来たりしていたこと。どうしたのかと聞くと、みきちゃんを呼んでほしいと頼んだこと、そしてみきちゃんにあやまって許してもらったとのことでした。

私は本当にびっくりしました。自分から人に１度もあやまったことがないこゆきちゃんが、わざわざあやまりに行ったことに。そして、こゆきちゃんが今まさに変わろうとしていることに感動したのです。

次の週のなかよし学級のクリスマス会は、男の子が企画し準備しました。クリスマス会は成功し、ホットケーキの材料の卵が３個あまり、企画した男の子で目玉焼きをつくることになりました。「自分も、目玉焼きをしたい」「でも、今回は、男の子が中心」。このやりたいけど、がまんしなければならないイライラした思いは、けいちゃんに向かって爆発したのです。男の子らと別の部屋で目玉焼きをつくっていた私にけいちゃんは大泣きして訴えに来ました。「大島先生、こゆき、おこって！」「こゆき、たたいた」と。その後、こゆきちゃんは卵料理に部分参加できたことでようやく気持ちが落ち着いてきました。そして、なかよしのけいちゃんをたたいて泣かせてしまったことに気づいたのです。「私、けいちゃんにあやまってくる」と、４年生の教室に走っていったのです。

こゆきちゃんにとって初めて自分が中心となって企画し準備運営したハロウィンパーティー。このとりくみで、こゆきちゃんはじめ女子会メンバーは楽しい行事をつくる楽しみとつながりを深めることができました。ハロウィンパーティーの小道具は、その後レストランごっことパティシエごっこに発展しました。自分

レストランごっこの準備

たちでつくりあげた「ごっこ」の世界。この世界を一緒につくりあげた大切な友だちの存在を失いたくない。この思いが人（友だち）との関係を気づかせてくれたのではないかと。私は「ごめんなさい」のことばを人に対して言うことができる力につながったのではないかと思いました。

7. クラブのみんなと遊びたい

こゆきちゃんは、毎週木曜日のクラブを楽しみにしていました。6年生では、昔あそびクラブに入りました。私も、クラブの担当者の1人となりこゆきちゃんを見守りました。

6時間目のチャイムがなる前から集合場所の中庭で、4年生から6年生のメンバーが来るのを待っていました。チャイムが鳴ってクラブが始まると、もう1人の担当の先生が、「今日は何して遊ぶ?」と聞きます。部長を中心に、みんなで話し合って遊びを決めます。けれども、こゆきちゃんは、遊びがきまった後も、「私、カンケリしたい」「フエオニしたかったのに」と、決まった遊びが不服で自分のやりたかった遊びを言い続けることがたびたびありました。「もう決まったやん」と、先生や部長に言われてふくれっ面のこゆきちゃん。「いつも私の意見は

無視される」「私が、走りおそいからわざとや」と、文句を言い続けるのです。

私は、こゆきちゃんに、意見は決まる前に言わなければならないことを話しますが、なかなか納得できないのでした。

2学期の最後のクラブの日のことです。朝から、ソワソワしているこゆきちゃんに、私はどうしたのかと聞きました。

「先生、私、フエオニしたい」「クラブのみんなとフエオニしたい」と。

それで、もう1人の担当の先生に、先に私と一緒に言いに行くことにしました。「じゃあ、今日はこゆきちゃんのしたいフエオニにしようか」と了解してもらっても、心配な様子のこゆきちゃんでした。

「だって、私の言うこと、みんなが聞いてくれるかわからないもの……」と。

そこで私は、こゆきちゃんに、みんながオニはだれかわかるようにしたらどうかなと話しました。すると、こゆきちゃんは、「そうや、ゼッケンがいい」「私、ゼッケン作る」と。

こうしてこゆきちゃんは、6時間目のクラブまでに、人数分のゼッケンをせっせと作りました。そして、みんなに、ゼッケンを見せながら「フエオニしたい」と提案しました。オニが増えるたびにゼッケンをつけていってもらいました。

こゆきちゃんは、すぐにオニにつか

まってオニになりました。けれども、自分が提案した遊びを、クラブのみんなでできたこと。このことがうれしくって、オニになっても文句を言わずに最後まで遊ぶことができました。クラブが終わって、なかよし学級に帰るとこゆきちゃんは「先生、楽しかった！」と満足した表情でした。私もとてもうれしかったです。

8. あこがれの制服姿

　6年生の卒業遠足は、キッザニア（お仕事体験館）へ行きます。こゆきちゃんのあこがれは、婦人警官のかっこいい制服です。この日、仲よしの友だちと制服を着て、敬礼のポーズも決まった満足の笑顔でした。

　次の日から、こゆきちゃんは、「自分が婦人警官になって指名手配の犯人を捕える」遊びを、なかよし学級ではじめました。工作の得意ななかよし学級の他の先生に、警察手帳を作ってもらいました。その本物っぽいできあがりの警察手帳に、たちまち男の子たちも一緒にやりたがりました。小さな警察官たちは、とうとう自分たちで、指名手配書も作りあげ、なかよし学級の壁のあちこちに指名手配書が貼られました。この手配書は、「犯人はだれだ？」のクイズ形式のもの

でした。犯人役とされたなかよし学級の先生を、見つけて逮捕すると、警官役のみんなで、「ヤッター」と大よろこびでした。この遊びはこゆきちゃんやシュウ君らの卒業まで流行しました。

9. 私、中学校は私学に行くの

　かわいい制服姿にあこがれるこゆきちゃんでした。卒業式の練習が始まるある日、こゆきちゃんは、小学校の標準服と違うステキなリボンのついた制服を着てきました。そして、私たちなかよし学級担任をはじめ先生方や友だちのみんなに、こう話しました。

　「私、みんなと違う学校に行くねん」

　「私、私学へ行くねん」と。

　その私学の制服に慣れるために今から着てると話しました。

　実は、6年生になってすぐにこゆきちゃんと、シュウ君の進路については、お母さんと相談を重ねてきました。そして、1学期には地域の中学校の支援学級の見学と、特別支援学校の見学を一緒にしました。2学期には、2人にとっては、特別支援学校の方が合うだろうということになり教育相談を進めました。

　けれども、こゆきちゃんは、地域の中学校に行きたいという思いも消えず、なかなか気持ちが決まりませんでした。ハ

友だちが心に灯った時「ごめんなさい」のことば　71

ロウィンパーティーのとりくみが終わる頃に、ようやく心に決めることができました。

3学期になっても自分から6年生の友だちに違う学校へ行くことを言い出せませんでした。こゆきちゃんは、みんなに中学校で着る制服を着ることで、ようやく自分の意思を表明したのでした。

特別支援学校への入学に向けて、お母さんと一緒に書類作成をしました。この時、初めてお母さんから、こゆきちゃんが生まれてからのこと。これまでの家庭の歴史をお聞きしました。そして、こゆきちゃんがよく口にしていることばは、みんな自分が言っていることばであると話されたのです。生活のしんどさや、子育ての苦労等々、お母さんの思いを知ることができたのです。

10. 卒業を前に

「先生、次の1年生は、どんな子が入るの？ 何人くるの？」と、自分が卒業した後のことを私に聞くこゆきちゃん。

すると、卒業式の練習の合間や、勉強が終わると、なにやらセッセと描いています。

それは、次の1年生に向けて本作りをしていたのです。作者は、「こゆき」ではなく、「小油汰　小由夫（こゆたこゆお）」というペンネームを使っています。本名は、「太陽のまなざし―前ぺん」「太陽のまなざし―後編」「こゆき物語」「るすばんできるもん！」「時代チェンジ！―前ぺん」「ウサハーズ（シーズン1）」等々。こゆきちゃんワールドがあふれています。せっかくの気持ちなので、私は、「小油汰　小由夫」全集のコー

こゆきちゃんが描いたキャラクター

ナーを作りました。

　東北大震災がおこって、しばらくしたある日のことです。こゆきちゃんが、手紙を持ってきました。それは、「東北のみなさんへ」という内容でした。書いたのは、ここでも、ペンネームの「小油汰小由夫（まんが研修生　36才）」でしたが。

卒業式を前にして描いてくれた私の顔

「東北のみなさんへ
　がんばってください。前向きになってください。死んだ人のぶんも生きてください。
　テレビでも　AKBさんが　一生けんめいがんばってるのもみました。
　一生けんめい　ぼくにもできることがあれば　しんさいを　ちょっとずつですが　前向きに生きましょう。」

と。この手紙を見て、私は、涙が出ました。いよいよ、卒業式を前にして、こゆきちゃんは、私の顔の絵を描いてくれました。

　これまでの、こゆきちゃんの絵は、かわいい女の子や動物、アニメキャラクター等のファンタジーの世界のものでした。

　私が初めて見た人物の絵でした。

11. こゆきちゃんとの1年

　こゆきちゃんに出会った2年生の春。私はこゆきちゃんに「ハリネズミ」のような印象をもったのを覚えています。私たちは、突然泣き、暴れ、攻撃する姿に、どう彼女と接し、どう彼女の言動を理解したらよいのかとまどう日々でした。自分が不幸であり、みんな悪いのは、自分のまわりにいる大人のせいだと怒っていました。あげくには、シュウ君と2人で、「どっちが不幸か」を競うしまつでした。

　そのこゆきちゃんの担任に、6年生になって、まさかなろうとは思ってもいないことでした。こゆきちゃんを、ずっと支えてきたなかよし学級の担任が、5年

生の秋に、突然病気になったのです。その先生がお休みになることを告げると、こゆきちゃんは、「だれが、私のめんどうを見てくれるの！」と、なかよし学級を飛び出しました。

その時、必死にこゆきちゃんを説得した私は、「大丈夫、先生が、責任もってめんどうみるから」と言ってしまいました。私に、こゆきちゃんの教育について確信があったわけではありません。でも、悲しみと怒りに満ちた彼女に対して、そう言わざるをえなかったのです。

こゆきちゃんに、変化を感じたのは、2学期の運動会の練習が激しくなった頃でした。真夏を思わせる暑さの中で、はだしがつらい組立体操の練習の後、なかよし学級に帰ってきた時です。

床に大文字で、倒れこむこゆきちゃん。

「ア〜！　つ・か・れ・た〜〜！」と。すると そのそばに、けいちゃんも寝ころんで、

「しんどいね。つかれたね〜！」と。

2人で、顔を見合わせて、「しんどい」を連発。そして、2人で床にゴロゴロと転がりお互いの身体にふれながら、しんどさを共有していました。

私は、身体は疲れはてているだろうけど、しんどいという心の疲れは軽くなっていっているだろうことを感じました。友だちっていいなあと思いました。そして、秋のハロウィンパーティーのとりくみや、レストランごっこ、パティシエごっこを友だちとつくりあげ楽しむことができたこゆきちゃん。これらの日々のとりくみが、こゆきちゃんの心の中に、「ともだち」という宝を灯すことになったのではないかと思います。

こゆきちゃんは、これまで、「幸せになりたい」という思いや願いをあきらめて、心の中に封じこめていたのではないかと思います。

けれども、こゆきちゃんにとって大切な友だちを得ることができたこの1年は、「人は人と人との関係の中で、人になっていくこと」を、あらためて私に教えてくれました。

実 践

要求を育み、
楽しめる世界をつくり出す
実践から学んだこと

神戸大学附属特別支援学校
黒川 陽司
Kurokawa Youji

日本福祉大学
大宮 ともこ
Omiya Tomoko

1. 衝撃的な出会い

⑴どうしたらいいのだろう

　本校小学部から学校生活を送ってきた涼くんは、2014 年に高等部に入学しました。私（黒川）は涼くんを知っていましたが、学部所属が異なっていたので関係づくりはいちからのスタートでした。

　涼くんは小学部 4 年生の時に激しい自傷がありました。小学部から中学部に上がったときは教師から逃げるように小学部のプレイルームの棚の上に上がったり、拠り所なくうろうろしたりしている状態だったそうです。中学部 3 年生の終わり頃から頻繁に食べたり飲んだりしたものを自らの手を口に突っ込んで嘔吐したりしていました。また校内にあ

る消毒液や洗浄液をすべて撒いてしまうこと、ペットボトルやメモ帳のミシン目を全部なくなるまでちぎることにこだわったりしていました。

　さらに高等部に上がってきて、中学部までとは違ってひときわ大きな生徒がたくさんいる高等部集団を怖く思ったのか所属学級の教室に入るものの、落ち着かず、すぐに中庭に出ていってしまうことが続きました。そしてトイレ以外のいろいろな場所で何度も何度もおしっこをしたり、食べたり飲んだりしたものを嘔吐することが頻繁でした。

　この衝撃的な出会いにどうしたらいいのか、困惑してしまったのを覚えています。

⑵教師集団で共通理解することから

　高等部には中学部1〜2年生に涼くんと活動づくりを共にし、信頼関係を育んできた大宮先生がいました。

　高等部で大切にしたのは行動面の問題から本人の思いや気持ちを読み取り、それを踏まえて学校生活・実践づくりを教師集団で共通理解していきながらすすめることでした。

⑶行動面の背景を探ろう
①おしっこは「No」のサインか

　おしっこをあちこちでするのは環境や、人の変化などいろいろな不安材料があったと思われ、落ち着ける場所もまだ見つけられないで、おしっこが頻発しているのかもしれないと感じました。教室や廊下、体育館内でおしっこをすると片付けも大変で教師はアタフタします。せめて外でと促しました。しかし振り回されないよう涼くんがなぜおしっこをするのか、「No」の中身を探り、涼くんの発達要求に応え得る充実した活動を一緒につくり出していくことが大事と確認しました。

②嘔吐するのは不安？

　おしっこと同じように困ったのが嘔吐です。ここまで飲んだら満足、という感覚がわからないのか、食べ物や飲み物があると、なくなるまで飲んだり食べたりしないと気が済まない状況でした。そして嘔吐。口に手を入れて無理やり出すこともありました。お茶を飲みたい生理的欲求を保障しながら、量をこちらで調節することを大切にしました。全教員で確認して冷蔵庫にペットボトルのお茶をなるべく入れないことやお茶のやかんを別の場所に移したり、本人に渡すお茶の量を調節したりと周囲の大人が一定コントロールすることが必要でした。

　嘔吐するために飲むのか？　読み取りが難しかったですが、高等部に入学して人や環境が変わった混乱や不安がそのこだわりにつながっていたのではないかと学部ではとらえました。

③涼くんに新しい顔（黒川）を入れてもらおう

　涼くんが何を思っていろいろなこだわりに至るのか教師側もわからず悩む日々。共感関係を築くのも困難な状況で、所属クラスでも活動づくりをどうすすめていくのか問題となっていました。

　すぐ集団活動に参加することを求めるのではなく、まず彼の楽しみな活動の中身を教師がつくっていくことにしました。そのために知っている顔（大宮）の横にいる新しい顔（黒川）が活動を介して涼くんの中に位置づいていくよう急がずじっくり取り組んでいくことを高等

部の教師集団で確かめ合いました。

2.高等部３年間で 大切にしてきたこと

⑴涼くんの教育目標

- 教師と一緒に「あ〜楽しかった」いうことを身体で感じ取りながら、「もっとしたい」という要求を育む。
- 手応えと達成感のある活動の中で「わかってできる力」を存分に発揮する。
- 活動を介してやりとりの世界をたっぷり広げることで、感情を交流して大人を安心できる存在としてとらえ直す。
- 楽しみな活動を軸に、つもりをもって教師と一緒に楽しい学校生活をつくり出す。

⑵実践をすすめる上で大切にしたこと

- 本人とのやりとりを豊かにすること
- 食の充実を生活づくりに位置づけること
- 五感に働きかける手応えのある活動の保障をすること
- 仲間と楽しめる活動を広げること
- 学校生活に本人がしたい活動をちりばめ、つもりをもった生活づくりをすすめる。
- 教員間で本人理解をていねいにすすめ、連携体制をしっかりつくる。

- 朝から帰りまで本人がつもりをもてるような切れ目のない生活づくり
- 活動づくりを通して、AではなくてBと本人が選択できる内容を膨らませること
- 本人が楽しいことを一緒に実現してくれる大人であるという大人のとらえにつながる教師のあり様を探ること

⑶教師の課題意識

　涼くんは大人との関係を支配されるかそうでないか、ととらえていることもあり、大人への不信感も感じ取れました。本人が好きな活動を通して要求を育み、それを大人と実現していく中でのていねいなコミュニケーション的関係（合意了解のやりとり）をつくり出しながら、自己充実をつくり出すような取り組みを展開していく。その中で人間関係を結び直し、涼くんの大人観を変えていくことを少しずつすすめていくことを大切にしました。

3.あ、大宮先生！ん？ 隣の人は誰だ？ 高等部１年生1学期

⑴中庭での活動づくりからスタート

　高等部入学直後の数日は昨年度まで３年間過ごした２階の中学部教室に

要求を育み、楽しめる世界をつくり出す実践から学んだこと　77

向かう涼くん。大宮先生と私に1階の高等部教室へと促されて高等部教室に入っても、すぐに中庭テラスに出て腰掛けていました。

4月は無理に教室に入るのではなく、まずは本人が落ち着いて過ごせる中庭を基盤にして、新しい環境に慣れていくことを大切にしました。また、担任も涼くんにとって全く初めての教師であったこともあり、中学部時代（1〜2年生）に涼くんと関わっていた大宮先生を軸に、学部付きの私との関係づくりをまずすすめていくことにしました。涼くんにとっては新しい場はまだまだ不安でしたが、1年間のブランクはあったものの、大宮先生の存在は大きく「あ、大宮先生！」と心の支えになっていたように感じました。

⑵五感に働きかける水遊び

中庭でまず取り組んだのは水遊び。涼くんの前でバケツに汲んだ水を柄杓で何度も空に向かってまきました。「黒川先生、水しぶきの粒の大きさがポイントよ。ほら太陽の光が水に反射してキラキラしているでしょ」と大宮先生。「涼くん、キラキラしてキレイね〜」と尋ねると涼くんもそのキレイな情景を大宮先生と共有しながら人差し指を立てて「もう1回」と要求していました。毎日取り

組む中で少しずつ私がまく水にも興味をもつようになりました。

また、5月になって気温も上昇し、外にいると暑さを感じるようになってきたところで新たにバケツの水を涼くんにかける水遊びを取り入れました。バケツに入れた水を「1、2の3！　バッシャーン！」と言って私が涼くんの体にかける。バケツを入れたことで間がもてるようにしました。水をかけてもらう期待感と感覚的な気持ちよさも味わい、指をさして「もう1回」と何度も涼くんから要求するようになりました。

⑶待ちに待ったプール

まず教師側から生活のリズムをつくり出すために「プール入る？」（水遊びする？）と先に声かけして楽しい活動に誘うようにしていきました。涼くんのペースに合うように教師がペースをつくっていくことを大切にしながら、遊ぶ道具も涼くんが準備したり、教師が鍵を取りに行くのを待ったりしながらプールに行くようにしました。プールに入れば昼食も忘れて夢中で1日中入ることもありました。そこでは担任、学部担当等の複数の男性教師と1対1で一緒に飛び込むことや投げ入れてもらったりすることを楽しみ、大人との関係が少しずつ広がっていきました。

また本人の要求も「プールに一緒に入りたい！」という明確なものができたことから、わかりやすく、やりとりも豊かになりました。そして自分が終わりをつけてプールを上がっていました。「満足」を味わっていたようです。

(4) クラスとの関わりを焦らずじっくり

中庭を中心に活動を展開したことで、知っている顔（大宮）から新しい顔（黒川）が涼くんの中で位置づきつつあるように感じました。所属クラスでの彼の居場所をどうつくるかが課題で、クラスの活動の中には必ず涼くんが好きで参加できそうな活動を吟味して取り組みました。はじめは、涼くんが好きなポップコーンを学級活動等で作る取り組みをすすめました。担任や私とするポップコーン作りは大好きになりました。ポップコーンができていくのを焦らずみんなで見守るところに涼くんも一緒に共有していました。

4. 近隣施設を間借りしての生活
校舎改修工事期間

1年生の夏頃から校舎耐震改修工事が入り、教師集団も経験したことのない『学校以外の諸施設を間借りしながら2か月半過ごす』ことになりました。

(1) ポップコーン屋さんで生活のリズムを

朝一番に借りている会議室に来て、すぐにポップコーン作りを自分でするよう取り組みをすすめ、涼くんの生活リズムをつくり出しつつありました。油を使わないので安全で、自分でできることは彼にとっては大きく、作りきることに達成感も味わっているように読み取れました。この毎朝の活動を「涼くんのポップコーン屋さん」として高等部集団全体の中に位置づけ、「涼くんが作ったポップコーンをみんなにプレゼントする」という目的で、仲間と関わっていく取り組みにしました。「作る面白さ、充実感」を味わいながら熱心に取り組む涼くんの姿がありました。

(2) 楽しみいっぱいの買い物が要求に

そしてもう一つ活動の柱にしたのが「買い物」でした。二つのスーパーがあるのでそこに本人が好きなお茶やのどあ

ポップコーン作りを一緒に

買い物へ全力ダッシュ！

買い物を終えてひと休み

め、お菓子といったものを買いに歩いていきました。歩くと30分以上かかる道のりも、目的があるので距離があっても行って帰ってくる道中で直線を思い切り走ったり、好きな葉っぱを見つけて遊んだり……と外で存分に発散しての楽しみも見つけながら週に何度かは買い物に取り組みました。買い物が要求になったことで行く途上や、買い物中のやりとりはとても豊かで、感情交流も広がりました。買い物に行けない日の合意づくりはとても大変でしたが、あの手この手で粘り強いやりとりができる姿が感動的でした。

耐震改修工事期間中に深まった信頼関係

- 涼くんの要求がわかりやすくなった。
- トイレ以外でのおしっこが少なくなった。
- 嘔吐もない（耐震改修工事期間中はなかった）。
- いろいろあったが概ね安定していた。
  →苦手な運動会がなかったことも関連

しているかもしれない。
- いつもの場所がなくなり、不安になって心の安定基地として教師を頼りにしていた。
- 要求を実現する存在として教師（大宮、黒川）が涼くんの中で位置づいて、この人とポップコーン作りや買い物に行きたい！　という思いががより膨らんだ。

5. 新しい校舎での生活
　11月下旬〜3学期

(1) 涼くんが落ち着ける場所、生活づくりを再開

　耐震改修工事後の教室は、レイアウトがいちから可能で、クラスの後ろ壁にベンチ以外何も置かず、涼くんが教室の中で適度な集団との距離を取りながら安心して過ごせるスペースを確保しました。みんなを俯瞰できる中で安心感をもったようでした。改修工事期間からすすめている自分で作るポップコーンの取

80　実践

り組みを毎朝教室で取り組むようにした
ことで、生活リズムができました。

(2)おやき作りで仲間が行列

　給食でお腹が減っても食べられるも
のが少なく落ち着かないので、改修工
事後からおやき作りに取り組みました。
たっぷりと入れた油の中でジュージュー
と揚げる音と色の変化が好きで、昼食
時の楽しみとなっていました。冷凍した
米飯をフライパンに入れて油が飛ぶ様
子を見たり、醤油を刷毛で塗って二度
焼きをしたりしていました。するといい
匂いが廊下中に広がり、友だちの行列
ができるほどで、友だちが来るのを受け
止め、よろこんでいるようでした。教師
と涼くんだけでなく仲間も加わった楽し
い活動になったと思います。

(3)大好きになったストロー切りの出会い

　3学期に入って、本人が苦手とする学
習発表会の練習が始まりました。みんな
が練習している体育館等には向かえず、
教室で過ごす機会が増えました。そん
な中、家でどんなことをしているのか保
護者から聞き取る中で、家で紙をちぎっ
たり、ハサミで切ったりしていることが
わかりました。取り入れたのがストロー
切り。ストローは切るとパチンという切
る時の手応えがあり、活動にできると

思ったからです。始めは提示するのでな
く、大宮先生が楽しそうにストローをは
さみで切る様子を見せました。そうする
ことで「させられる」のでなく、「やっ
てみたい」という気持ちが高まると考え
たからです。次の日からはさみを要求し
てストローを切るようになりました。

(4)切る時のストローの感触と音の
　　心地よさ、宙に舞う美しさ

　パチンパチンと切れる感触と音のよさ
も涼くんにとって気持ちがよく、切った
ストローが飛び散る様子にも見入ってい
ました。しかし活動が区切れず、どこま
ですれば満足なのかがわからないとい
うことになりました。そこであるだけ切
らせてみようと思って取り組むと1日で
500本以上も切ることもありましたが、
それでも満足というわけではありません
でした。

　年度末に当時の担任が岡山のスト
ロー工場から廃棄ストローを大量に譲り
受けたことでストローの本数を気にする
ことなく本人が思う存分に切れるように
なり、私たちもホッとしました。

(5)気持ちを解放した"はっぱ"のひらひら

　ポップコーンやストロー切りに主体性
を発揮して取り組むと疲れも出てくるの
で、活動の合間や気持ちを切り替えたり

する時に「葉っぱ」（秋まではたんぽぽの茎、冬はゼフィランサスの葉）をひらひらすることで気持ちを解放していました。本人も「葉っぱ」と言って、言葉で要求するようになってきて、一緒に葉っぱを取りに行ったり、取りに行く教師を教室で待っていたりするなど、葉っぱ操作の楽しみを一緒に共有しました。特に要求した中身が実現できず、イライラしたときに葉っぱを操作してクールダウンしたり、無心になったり……と、ある程度すると次の活動に気持ちが切り替わることもあり、自己調整にとても大切でした。このはっぱは自生していないので、分球してプランターで増やしました。毎年秋になると白い美しい花を咲かせています。

⑹ 1年生時の涼くんの変化
――粘り強いやりとり

　要求が実現してうれしい時（買い物行けてよかったね、うれしいね）、あるいはそうでない時に（残念やね、今日はいけないけど明日行こうね、あした）本人の思いに寄り添う言葉をていねいに伝えることで、少しずつですが教師が本人の気持ちを言葉で代弁していることを受け入れつつあるように感じました。そのときに要求実現ができなくても、それを否定するような言葉がけは本人の琴

線に触れるので、「あした（実現するよ）」という本人の要求を汲み取った言葉で示していくことで「あした」という次につながる言葉がなんとなく本人の中でわかってきていたように思います。もちろん具体的な写真を使って「あした、イズミヤに買い物行こうね。たこやきとポテト買おうね」と何度も何度も繰り返し確認する必要がありました。パワーで大人に当たってなんとかしようとするのではなくやりとりで自己調整しようとする姿が多く見られるようになりました。

6. 大宮先生がいないな…　でも黒川先生がいるから　大丈夫！　高等部2年生

⑴ 1年生の取り組みが土台に

　2年生を迎えるにあたって、教室は同じにすることや、担任も一人は継続することなどできるだけ本人の混乱がないよう配慮しました。昨年まで関わっていた大宮先生の存在は気にとめつつも、私を軸に学校生活づくりをすすめていくことになりました。

　涼くんは、1年時に活動した中身をよく覚えており、しかも季節感を感じて暑い時期は「水遊び」冬になると「ストロー切り」に取り組んでいました。また嘔吐やトイレ以外のおしっこがほとんどなく

なりました。年度が変わった3～4月ごろも大きく揺れることはなかったです。

(2)担任の顔が活動を介して位置づく。

①まずは水遊びから

私が軸になり新しい担任も一緒に見ながら柄杓を使って水まきやバケツの水かけに取り組みました。また教室でのポップコーン作りやおやき作りでも少しずつ新しい担任と活動を共にする中で、「一緒に楽しいことを実現してくれる人」として涼くんの中で位置づきつつあるように感じ取れました。1年生での活動の積み上げが土台となって安心していたように思います。

②プールでみんなと楽しむ

他の生徒が一緒にプールに入っていると、はじめはプールサイドで遠慮がちに飛び込んだりしていましたが、大好きな浮島マット（建築用の1畳分の断熱マット）を渡る取り組みが始まると、自ら何度も積極的に浮島渡りを存分に楽しんでいました。

1年生時と明らかに変わったことは同じ高等部の友だちがプール学習に取り組んでいる中に涼くん自身が「一緒に楽しみたい」と活動をみんなと共有しようとしたことです。

③ストロー切りからいったん気持ちが離れる

年度当初からストロー切りも活動に位置づけて取り組みましたが、ストローを切ることにあまり気持ちが向かなくなりました。だんだん切る種類も限られたものになり、夏前には切ろうとしなくなりました。

冬にもまたストロー切りを思い出して切るものの、「もっと」という気持ちではありませんでした。何か物足りなさを感じているようにも読み取れました。

(3)2年生時の涼くんの変化——楽しいつもりをもち、安心感をもって生活する

1日の学校生活の流れが本人の中でも概ね見通せるようになってきたことで、中庭で過ごすことはほとんどなくなりました。むしろ教室で私と一緒にポップコーンやおやき作りをしたい！　とつもりをもって、安心していったように思います。一方で1年生では外でエネルギーをたっぷり発散していたのに、2年生で校内が楽しくなったもののあまり動かなくなっていました。適度にエネルギーを発散する活動を保障していくことが課題として出てきました。

要求を育み、楽しめる世界をつくり出す実践から学んだこと　83

7. これしてから次は これしたい。また明日も 学校でやりたい！

高等部3年生

(1)エネルギーの発散の保障をどうするか

知っている教師や友だちが増え、「仲間の中の自分」「みんながいると楽しい」思いが膨らんでいるように見て取れました。クラスで朝の会や終わりの会の前に主体的にタンブリンやギターをそれぞれ準備して担任に渡す姿もあり、自分で生活を展開するようになってきていました。しかし6月の施設実習先で気持ちが高揚して走って窓ガラスに突っ込んでしまい、大怪我を負いました。行動抑制ではなく自己調整できるような言葉がけと場の工夫をていねいにしなければならないと、私自身大きな反省を込めて思いました。

(2)納得するまでやりとりする「人」が広がる

集団の動きや様子をよく見ており、さらにやりとりする相手も私だけでなく他の担任や主事といった教師にも粘り強くするようになりました。自分を受け止めてくれる人が私から広がり、安心して関わっている姿が多く見られるようになりました。

(3)ストロー切りからストローアートへ

涼くんがストローを切っているのに憧れて「自分もやってみたい」という要求をもっていた生徒もいたので、ストローを切ってスプレーのりで画面に貼り付けて構成する制作を美術の授業で取り組んでみました。すると、涼くんも気持ちが向きはじめました。素材への興味だけでなく、学習集団への安心感があったことも大きいと思います。活動を振り返ると、ストロー切りと積みの楽しみ方は似ているようで質が異なっています。ストロー切りはストローを大人に準備してもらうが切るところは一人で切って楽しんでいる。しかしストロー積み（ストローアート）はスプレーのりを自分の思った場所にかけてくれ、と人が必要になっています。一人ではできないので、側にいる私に「切ったストローをこんなふうに貼り付けてほしい」と伝え、やりとりしながら制作への思いを膨らませるものになっていると感じました。

ストロー切りは水遊びのように感覚的な楽しさがありますが、ストローアートは教師との共同制作です。人との関係が積み上がってきたからこその大きな質的変化です。教師は「させる存在」でなく、「一緒に楽しみを広げる存在」として涼くんがとらえるようになったからこそだと感じました。この作品は本当に

彼らしいダイナミックかつ繊細なものでした。

(4) 間と区切りがあるストロー切りの活動

自閉症の生徒が一人でできることをよしととらえることがあります。しかし一人でできることを楽しんでいるように見えても人が入りにくくなり、こだわりになったり、区切りがつかなくなったりして活動に向かう楽しい気持ちがしぼんでしまうこともあります。涼くんが取り組んだストロー切りから積む活動は、大人が関わって活動の区切りと間をつくっていくことを大切にしました。ストローは1本切ると気持ちと活動の区切りがあり、すべて切ると教師が新しいストローを探しに行ったりすることで間ができます。1歳半頃の認識の涼くんにとってはこの活動でいろいろな間と区切りがあったことで人も入り、活動の豊かさが生まれたのだと思います。

(5) 主体的に取り組んだ最後の学習発表会（劇：うらしま物語）

国数基礎グループ学習で取り組んできた「釣り」の活動を劇中に位置づけました。学習発表会は見られる設定が苦手でした。劇の中では好きな活動を設定することにずっとこだわってきました。初日の練習から「涼ちゃん、体育館で練習するから釣りに来てね」といった友だちの言葉を受け止めて、みんなと一緒に体育館に向かう姿がありました。「釣り」の活動に見通しがあったことも大きかったですが、クラスの集団の動きをとらえ、学習発表会を意識していたのだと感じました。体育館で何をするのか本人なりに見通しももち、本番まで毎日昼過ぎに体育館に行って「釣り」をすることを楽しんでいました。本番では雰囲気を感じとって朝から緊張していましたが、昼休みにみんなと一緒に過ごせたことで気持ちがほぐれ、劇の始めから舞台袖で「釣り」を楽しみに出番を待っ

自分の作品に愛着がわいた涼くん「ここにスプレーをかけて！」

ていました。仲間の存在を支えに大き
な行事を乗り越えた涼くんの姿があり
ました。

8. 卒業後の涼くん

⑴進路先の作業所では

　涼くんは生活介護の事業所に進路を
とることになりました。在学中の実習の
時から私も引率して彼の実態や行動の
読み取りなどをていねいにその都度事
業所の支援員に伝えるようにしました。
そうしたことで彼自身も知っている顔
（黒川）から新しい事業所の支援員の顔
が入っていき、卒業後は比較的スムー
ズに移行することができました。彼自身、
支援員の方の双方とも安心して関わる
関係を構築して4月の利用開始を迎え
られたことは本当によかったと思ってい
ます。

　学校ではなく事業所に通う目的をもっ
て毎日過ごしている涼くん。そこでは本
人の楽しみな活動を生活や仕事にうま
く取り入れ、集団の中で涼くんを位置づ
けてもらっています。それが涼くんの気
持ちの安定につながっていると感じてい
ます。

⑵お母さんの思い

　お母さんは、「小学部時代に顔が腫れ

上がるまで自傷を繰り返した時期が一
番つらかった」と振り返られていました。
また「学校に登校しても本人が自分から
離れられない時期が長かった。中学部
から学校でやりたいこと、楽しいことが
見つかって学校が大好きになっていっ
た。高等部では家に帰るとすぐに次の日
の用意をしたり、休みの日も学校用のカ
バンを背負って、"学校行こうよ"と要求
したりする姿に成長を感じ、とてもうれ
しかった」「卒業までに事業所に黒川先
生が出向いてていねいに涼くんのことを
伝えたり、中身づくりを相談してくれた
りしたので、毎日楽しく通えているのだ
と思う」と仰っていました。

⑶これからも豊かな生活を

　私が関わった高等部3年間で涼くん
も大きく成長しました。入学当初に見ら
れたおしっこや嘔吐は卒業時にはほとん
ど見られなくなりました。

　はじめから涼くんの気持ちや思いの
読み取りが私もすべてうまくいったわけ
ではなく、失敗もあり試行錯誤しなが
ら涼くんにとってよりよい活動づくりを
探ってきました。それを見つけていくプ
ロセスが私たち教師集団にとってとても
大きな財産であったと思います。子ども
たちにとって楽しい活動とは何か？　本
当に彼の姿から学ぶことはたくさんあり

ました。

　強度行動障害の状況は支援する大人（教師や施設職員など）が活動づくりをどう展開しているかが、大事であると感じます。涼くんの場合、表出言語がないのは非常に大きなことで、気持ちがどう動いているのか周囲が読みとっていくことが何より大切でした。

　これからも進路先と連携しながらていねいに見守っていきたいです。

大宮先生からのメッセージ──
涼くんから学んだこと

　高等部１年生の時に、黒川先生と一緒に、涼くんの教育実践に取り組んだことは、私にとっても大きな財産となっています。心配していただけに涼くんの卒業後の姿を感動的に受け止めています。

　中学部で出会った涼くんは、大人への「させられる感」を強くもち、大人への不信感にも似たものをもっていると感じました。だからこそ教師が楽しいことを一緒につくり出しながら、涼くんの思いを聞き取りやりとりを豊かにして、涼くんが安心感をもつこと、涼くんの大人のとらえを変えていくことが大切だと思って取り組んできました。それをたっぷりしたことで、仲間の中へ自分から入っていくことへと変容していき

ました。

　第二者の形成が大事であるといわれますが、黒川先生が涼くんにとってそうした存在となりえていたと思います。絶対的な信頼と安心感─裏切らない、いやなことをやらせられない、思いを聞き取ってもらえる、楽しいことを実現してくれる─を涼くんが感じているのがよく伝わってきました。そうした大人を得たことで、涼くんは卒業後、環境がかわっても大人を支えに仲間の中にいて、活動や仕事の楽しみに期待を寄せて、落ち着いているのだと思います。

　涼くんのように表出言語をもっていない発達段階の自閉症の子どもは、周りの大人の読み取りが命です。「できるから、しているからよし」とされがちですが、本人が楽しんでいるかどうか、本人の要求かどうかをしっかり吟味することが大事です。涼くんもそうでしたが、大人の意図を敏感に感じ取ってしまい、不安も強いが故に、大人に従ってしまうことも多いから、彼らの「no」を見過ごしてしまいがちです。とても繊細な彼らの心に寄り添う第二者となるには、教師の集団的な支えも不可欠だと思います。

　また、自閉症の子どもたちは、楽しいことを共有、実現してくれるかどうかで、その人の顔が入り信頼を寄せるということです。そんな中では、表出言語はあり

ませんが、涼くんのやりとりは感情交流も豊かに広がっていきました。「するかしないかか」「イエスかノーか」ではなく、選びとるまでの過程に価値があり、自閉症の子どもたちが感情をしっかりと出す内容とやりとりが重要だということです。

また、黒川先生を第二者としてとらえていく上で、私の顔と黒川先生の顔の間を行ったり来たり、見比べては考えて選び取っていました。そうした間ができたことと、わざと二人が役割を演じるようにしたことも違いをわかりやすく伝えることにつながったのだと思います。そ

題：「ぼくの宝物」
約1年をかけて積み上げたストローアート
素材：様々なストローとスプレーのり
高さ約60センチ

れを同じように次へ、安心できる教師を広げていくことができたのも、第二者を得たことの土台と好きな活動があったからでしょう。

さらに、学校や学部で検討し、体制を組んで臨み連携できたから実現できたのでしょう。つねに学部で涼くんのことを話し合って取り組みを吟味しながら、連携を深めてきたことも重要でした。涼くんのことを考えることで、クラスや学部づくりがより進んでいったのです。

2年後の成人祝賀会で、涼くんは学校に来て、自分の教室をチェックし、違っているとわかり、あっさりと会場の体育館に入りました。みんなからの祝福を喜んでいるようでした。

「自分から『習字がしたい』と今やっているんです」とお母さんが教えてくれました。その成長ぶりがとてもうれしかったです。

いろんな事件を起こす涼くんのことをいつも笑いながら報告してくれるお母さん。「私はいっぱいいっぱいでした。先生たちに話を聞いてもらえるだけで救われました。でないともたなかったです」と何度か卒業後に訪ねてくれたお母さんがおっしゃっていた言葉が重かったです。強度高度障害の子どもを学校でつくらない……そんな教育実践をみんなで考えていきたいです。　　　　（大宮）

実践
喜怒哀楽の「怒」から「あい」へ

社会福祉法人あみの福祉会
吉岡　智奈里
Yoshioka chinari

はじめに

　現在、小林さんは49歳。自閉症で、以前はこだわりが強い人でした。

　幼少の頃、小林さんは地元の保育所に通いました。小学校も地元の普通校に入学を希望しました。しかし、受け入れられず、地元ではない聾学校に通いました。そこは高等部がなかったため、中学部を卒業後は、在宅で家業の機織りの手伝いをしました。

　21歳の時、あみの共同作業所（障害者福祉センター桃山の里の前身）に入所されました。作業所では、紋紙ほどきの仕事などをしていました。2001年、作業所が認可施設になり、あみの福祉会四つ葉ハウスに通所し、さをり班に籍をおいた小林さんは、そこで箱折やかわらけ投げのかわらけづくり、機織りの仕事に使う紋紙ほどきの仕事をしました。

　人と関わることが好きな小林さんは、職員にちょびちょび（ちょっかいを出し）、背中や半袖の袖口から手を入れようとして、職員の気を引こうとすることもしばしばでした。

　そんな反面、職員同士の会話から耳にする小林さんは、特に季節の行事についてのこだわりが強く、自分の期待通りに行事等がすすまないと、イライラして、その気持ちのはけ口として、窓ガラスを割ったり、時計を壊したり、また自傷行為（頭を壁にぶつけたり、肘を机に打ちつける）があり、時に、男性職員に、手が出ることもあったようです。

　職員みんなが目の前の問題行動だけにとらわれ、大変ななかまと言われてい

	2006年6月 （ケース資料より）	2008年6月	2017年
1月			
2月	節分、もちつき大会、スキー	もちつき大会、スキー	もちつき大会、スキー
3月	ひな祭り	ひな祭り	
4月	花まつり（甘茶） ちりめん祭り	花まつり（甘茶） 　気にしていたが、短い ちりめん祭り（UFOゴマ）	ちりめん祭り（UFOゴマ）
5月	こいのぼり	こいのぼり 　数回口にしていた程度	
6月	障スポ	障スポ	
7月	ふれあい祭り（スイカ、花火） 夏の物品（チーズ）	ふれあい祭り（スイカ、花火） 　時々思い出したように言う 夏の物品（チーズ） うきわ	
8月	金鳥蚊取り線香ＣＭ	金鳥蚊取り線香ＣＭ	
9月	地区運動会	地区運動会	
10月	ふれあいバザー（立て看板）		
11月	研修旅行		
12月	クリスマスケーキ	クリスマスケーキ 谷政のカレンダー	クリスマスケーキ

小林さんのこだわり（季節の行事）

ました。

1. こだわり

　現在は、こだわりがなくなったわけではありませんが、どうしてもこだわらなくてはいけないわけでもないような、以前のこだわりとは、確実に違うように感じます。

　その時の内面の不安が、以前のこだわりの言葉として出てくるように感じることもあります。

2. 大切にしてきたこと

⑴生きにくさ（しんどさ）をわかりたい
　……共感

　「こだわり」は、人それぞれ大なり小なりあります。ただ度が過ぎると融通がきかなくて、他人に迷惑をかけることも多々あります。そのこだわりによって、本人自身の暮らしにくさが、多くなることもあり、小林さんも「今回はまあええか」と思えるとどんなに楽になれるだろう。そう思えないときは本人もつらいだろうなぁと。

小林さんに関しては、毎週の職員会議の中で、話し合ってきました。今、彼が気にしていること、彼の発言の意味することは何？　など。それぞれの職員が感じていることを出し合い、こう返してみようと意思統一をはかりながら支援しました。そして、一番大事にしてきたことは、職員全員で彼のしんどさに共感し、気持ちを理解しようとしてきたことです。ゆったりと時間をかけて、また、とことん付き合い、小林さん自身が乗り越えるときまで付き合う姿勢を大切に貫いてきました。

⑵とことん付き合う、

自分で折り合いをつけるまで

──障スポで小林さんの力を見た！

2006 年 10 月、私が勤めるあみの福祉会チューリップハウス（生活介護事業所）に移ってきた頃の小林さんは、5月に入ると、運動会の日程を気にしていました。その頃、6 月の第 1 日曜日に「障害者スポーツのつどい（障スポ）」というのが毎年ありました。小林さんは障スポに参加することをとても楽しみにしていました。しかし、数年前から実施されなくなりました。それでも、6 月が近づくとカレンダーを見ながら第 1 日曜日を指差し「運動会!!」、隣の月曜日を指差し「代休」と言っていました。その年も

障スポがないことは、明らかでした。一度は「ない！」とはっきりと伝えましたが、自分の期待と職員の答えが真逆だったため、「き〜の〜や〜つ〜！（機嫌の悪い時に発する言葉）」と怒り出しました。家でも、運動会の話を家族の方にしていて、その会話の中で、地元の小学校の春の運動会の話が出たようです。職員はすぐに小学校へ連絡を取り、いつ行われるのか、日程の確認をしました。すると 5 月 16 日金曜日にあることがわかり、そのことを小林さんに伝えました。もしかしたら、上手に気持ちを切り替え、小学校の運動会を見に行くことで、満足できるかもと期待しつつ。

5 月 16 日はチューリップハウスを休み、その小学校の運動会を機嫌よく見学して来ました。うまく行けばこれで運動会は「おしまい」になるかも……と期待したのですが、やはり 6 月第 1 日曜日の運動会とは別物だったようです。小学校の運動会の次の日、「6 月 1 日は運動会」と期待のこもった眼差しを職員に向け、「あるよね」と念を押すかのように言いました。障スポがないのは明らかでしたが「ない！」とは言えず、「ある！」と嘘も言えず、「あったらいいね！」と小林さんの気持ちに寄り添いながら、返していました。

そんな繰り返しの毎日、日が近づくに

つれ「グラウンドは工事中！」という言葉が聞かれるようになりました。職員もすぐ「グラウンドは工事中！」と返しました。ゼッケンまで作って（他のなかまの分も）、待っていた障スポ。でももうすぐ6月1日だというのに誰もその話をしないし、準備をする気配もない。もしかしたら今年もないのかも……という小林さんの不安な気持ちが、「グラウンドの工事が終わった」と言ったかと思うと「まだ工事中」と何度も繰り返す言葉に表れていたのだと思います。

しかし「運動会は来年！」と6月1日を待たずして言い出した小林さん。こちらも「そうだね、運動会は来年だね！」と力強く返しました。小林さんが一つ乗り越えた瞬間だったと思います。

⑶なかま集団の中で、誰もが大切な存在だと伝えてきた、気持ちや行動を代弁し、なかま同士をつないできた

世の中には、天候だったり、世間の行事予定だったり、小林さんの思い通りにならないことはたくさんあります。いろいろなことがいろいろな事情により変化していき、小林さんが納得できず、大きな声を出して「き〜の〜や〜つ〜!!」と肘を机に打ちつけたり、床でじだんだをふんだり……時に側にいたなかまに手を上げたり。そんな時職員は、まずは小林

さんの気持ちを受け止め、ていねいに聞きとり「小林さんは○○なんだよね」と言葉に置き換えてきました。その上で「小林さん、そんな大きな声を出したら他の人が怖いよ」「○○さんは、痛いし、怖いと思っているよ」と必ず周りにいるなかまのことを意識するような声かけをしました。小林さん対職員との関係で終わらせず、周りのなかまの存在も意識してもらうように。また、周りのなかまにも「小林さんは、○○だから怒っているんだよ」「痛い思いをさせてごめんね」と。

小林さんも大切にされるなかまだし、周りのみんなも大切にされるなかまなんだということを伝える姿勢をとり続けました。

⑷小林さんにあった集団を考える

チューリップハウスには、作業を中心に日課を組み立て活動的な「チームてんとうむし」、医療的ケアが必要で入浴などを中心に作業も組み入れ、体調に合わせてゆっくりと日課をすすめる「チームみつばち」、作業も入浴も日課の中に組み入れた「チームちょうちょ」の3つのチームがあります。

小林さんは、チームてんとうむしに所属していて、同じチームてんとうむしの川西さんや桜田さんと「一緒に行動しなければならない」ところが、多々ありま

92　実践

した。

　毎月１回クッキングの取り組みでカレーを作っていました。はじめはチームてんとうむしのみんなの中で作業をしていました。野菜の皮をむいたり切ったりの作業を楽しみながらする川西さんや桜田さんに対し、同じようにていねいに作業はするけれど、なかなか集中することが続きにくい小林さん。

　テーブルを離れうろうろ。そんな時、立ち上がってテーブルから離れかけた小林さんに、「小林さん、桜田さんが切ってくれたジャガイモを職員さんに持って行って」と頼んだり。そうすることで、小林さんのうろうろを意味のあるうろうろにし、小林さんもチームてんとうむしの他のなかま同様、がんばっていることをみんなで認められるように支援してきました。この時にはまだ、川西さんや桜田さんと一緒にしなければならない小林さんでした。時に、小林さんはミキサー作業をするチーム（チームみつばちのなかまが多い）のテーブルで、みんなの様子をにこにこ見ながら、ちょっと休憩すると、また、てんとうむしのテーブルに帰ってきて、落ち着いて作業ができました。そんな様子を見て職員会議では、チームてんとうむしでのクッキングは小林さんには、少ししんどいかも……という意見もあり、会議での話をふ

まえ、チームてんとうむしのテーブルから、ミキサーチームのテーブルへ異動しました。

　ミキサーチームでの初日、職員は小林さんの様子にくぎづけでしたが、テーブルに穏やかに座り、落ち着いて作業する小林さんの姿を見て、「あっさり、いけたね！」と。川西さんや桜田さんと一緒に行動しない自分を受け入れられた小林さんです。

　最近では、いろいろな場面で川西さんや桜田さんが「行く」になっても「行かない」と自分で選ぶ小林さんの姿が多くみられます。自分の居心地のいい場所を見つけられるようになった小林さんの変化は大きいです。

3. 小林さんの変化

⑴ 自分のことをわかってくれる人がいる。安心な場所

　小林さんが気になることやこんなふうになってほしいと思うことに対して「○○（願っている通り）になったらいいねぇ」と受け止めながら「でも、○○にはならないんだよ。残念だねぇ、悲しいねぇ」という、つらいけど一緒に頑張ろうというメッセージを伝え続ける支援をしてきました。

　また、「○○（願っている通り）になっ

たらいいねぇ」という立場で共感し続ける中で、職員と築いてきた関係の上に、少しずつのしんどさを一緒に乗り越える経験を積み重ねました。

そして気がつけば3年の時間が過ぎ、穏やかに過ごすことが多くなってきました。それまでは、機嫌がいいと悪いの両極端だった小林さんの感情表現に悲しいという表現がみられるようになりました。自分の期待通りの答えが返ってこなくて、じだんだをふんでいた小林さん。それでも職員は自分の機嫌のよくなる答えを出してくれません。そのうち「あ〜〜ん」子どもが駄々をこねて泣くような声を出しました。怒るというより悲しいという表現だったと思います。感情に幅が出てきて、「怖い人」と近寄りがたかった小林さんに周りのなかまも親近感もてるようになり、今では、小林さんが葛藤している姿を見て、ニヤッ！　と笑ってみたり、しょげている小林さんを少しからかってみたり……と職員はひやひやする場面が多くなりました。小林さんと周りのなかまの関係も明らかに変わってきたと感じました。

小林さんのこだわりは大小数えきれないくらいありますが、彼は彼なりに思いがとげられないことに自分で答えを導き出せるようになりました。毎年恒例の行事の一つに節分の頃のスキーがありま

す。「節分ころに（雪が）降ろうで」と言いながら週末に、家の近くの決まった場所でスキーをしたい小林さん。でも、自然を相手になかなかことは思うように運びません。空を見ながら「のこぎりで氷をけずっとる」（雪を降らせる準備中）「シャッターがしまっとる」（空の扉）と言いながら雪が降らない理由を自分に言い聞かせる小林さんは、メルヘンチックな詩人です。

以前なら、自分の決めた週末以外（チューリップハウスが休みの日だけ）は、どんなに滑りたくても滑らず、チューリップハウスを休んでスキーをするなんて許されませんでしたが、チューリップの通所日でも雪がたくさん降ってスキーができそうな日は、「給食を食べたら、家に帰る。スキーをする」と自分で選んで、家に帰りスキーを楽しむことができます。「○○しなければならない」だった小林さんがそうでない自分も認められるようになりました。

4. 現在

私が小林さんと一緒に過ごした時間は、気がつけば16年が過ぎました。出会った頃の姿は、今の小林さんからは、想像がつきません。なかまの中で力をつけ、家族やなかまや職員とたくさんのし

んどさを一緒に乗り越えてきて、変化に順応できる力もつき、受け止めに幅が出てきました。また、周りのなかまにも気持ちが向くようになっています。

でも、今は今様でしんどさがあります。「大切にしてきたこと」で述べたように支援の方向をみんなで確認し実践していた職員集団も異動や産休で少しずつ変わってきました。小林さんが積み上げてきた職員との関係も少しずつ変わってきています。チューリップハウスに来れば、ぼくの気持ちをわかろうとしてくれる職員さんはいるはず……でも、何だかうまくわかってもらえていないような……かゆい所に手がとどかないもどかしさで顔が曇る日々。

また、新しく自閉症の山渕さんが入所してきました。山渕さんは小林さんより体が大きく、他傷行為などはありませんが、不安になると自傷行為をします。周りの人にはわかりにくい突然の動きもあります。小林さんにとっては、わかりにくくなかなか認めにくい存在です。山渕さんの行動に振り回されている職員の動きを見て、感じてイライラする場面が増えています。なかま集団の関係も山渕さんが加わったことで変わり始めました。不安があっちにもこっちにも、チューリップハウスはなんだか居心地が悪いと感じているようです。

小林さんは大好きな家族と暮らしています。でも、家族みんなが高齢になってきたことで家族のありようが変わってきています。元気だったお父さん、お母さんの受診の回数が増えたり、入院したり……。今までの経験から小林さんにとって「病院」「入院」という言葉は、つらく悲しい印象です。大好きなお父さん、お母さんがどうなるのだろう。不安で不安でたまらない。心がザワザワするのだけれど……うまく伝えられないからますますもどかしい。

小林さんの不安が、以前こだわっていた言葉（季節の行事）になって出てきています。本当は、その行事にこだわっているわけではないので、その言葉を受け止め、小林さんの気持ちを探るのですが……、ぴたりとこない。小林さんの内面が豊かに複雑になってきた分、本当の思いがわかりにくく小林さんも職員も、悶々とした日々が続いています。

5. いつも思うこと……
まとめにかえて

学校生活を終え社会に出てからの人生の方がはるかに長いです。そこでどんな人と出会い、どんな経験を積み重ねるかでその人の人生がつくられていきます。まずは、私たちチューリップハウス

が、なかまにとって安心の場所であることが一番大切だと考えています。自分のことをわかってくれる人がいる、わかろうとしてくれる人がいる、しんどさを一緒に乗り越えようとしてくれる人がいる……となかまが実感できるチューリップハウスであり続けたいと思います。

小林さんと出会って、「どんなに障害が重くても人は人の中で成長していく。人はいくつになっても発達していく」ことを実感しています。

私たちは、なかまと出会ったとき、そのなかまが今までどんな環境で、どんな暮らしをしてきたのか、育ちについてていねいに知ることが大切です。もちろん、そのなかまの障害の特性について学ぶことも大切です。でも一番大切なのは、今、なかまは、何をねがい、どんな暮らしにくさを感じているのか？　目の前に現れている行動だけにとらわれることな

く、その行動の意味はなにか？　をわかろうとすることです。

そのために、なかまと向き合い職員一人ひとりが関係をつくりつながること。私たちが自分の人生で人と出会い、その人とつながる時と同じように。私たちの支援の方向性によっては、その人のこだわりを強めたり、障害の特性を強めてしまい、暮らしにくさが増してしまうこともあります。なかまが地域で幸せに暮らすために……職員集団でしっかりと受け止め、論議しながら支援していくことが大切です。

私たちは、この地域で一緒に暮らすなかまとして、小林さんの家族のありようが変わっても、そのことを一緒に受け止め、越えていく。小林さんが安心して暮らせるチューリップハウスであり続けたいです。

実践報告の解説とコメント

「行動障害」のある自閉症の理解と指導

鳥取大学
三木　裕和
Miki Hirokazu

　ここまで4本の実践記録をお読みいただきました。すでにお感じになっているとおり、いずれもが強い行動上の問題を特徴としています。「強度行動障害」の範疇に入る事例も見られます。

　自閉症の場合、その多くが行動上の問題を表します。周囲の者、特に家族は心を痛めます。家庭生活が成り立たなくなったり、人間関係の厳しい葛藤に結びつくこともあります。「この行動をなくしたい」という願いは切実で、一刻の猶予も許されない事態も生まれます。私たちはその深刻さを受け止めて、この4事例を検討してきました。

　この事例集は、そのどれにおいても何らかの改善が見られ、明るい光を感じさせる報告となってはいます。しかし、行動問題のみをターゲットとした実践ではありません。むしろ、その時々の、自閉症児者の内面を推測しながら、人間らしい学習や生活の要求にどう応えようかと試行錯誤した実践です。

　一見、遠回りに見える道のりにこそ、確かな道程がある。これらの実践検討を通して、私たちはそう感じています。

1. 木澤報告：人間に対する信頼回復は子ども集団への信頼から

　滋賀の養護学校で「強度のさらされ不安」を示したはるちゃん。小学部2年生。言語的なやりとりができ、知的障害の比較的軽い子どもでしたが、その不安は強烈でした。自分の名前が掲示されているだけで、それを強く忌避し、集団参加にも恐怖を感じていました。

　その強い恐怖を和らげたのは、「適度にどんくさい」1年生の子どもたちでした。「とんだのなあに」の活動で、飛んでいったものを見逃してしまう1年生に「今だよ！

ちゃんと見て」と声をかけるようになっていきます。この遊びに引き入れようとすると、はるちゃんは逃げていきました。また、「自分所有」の衝立が無断で使用されていたことにプンプン怒ったりします。しかし、集団や活動に適度な距離を置くことで不安を和らげていたようです。本人にとっては、いわば緩衝地帯のようなものが衝立だったのでしょう。

『でんしゃにのって』の絵本を題材にした授業。ここでは、1年生が大喜びで電車ごっこに興じます。その無邪気さにつられるように、はるちゃんも「早く降りないと電車が行っちゃうよ」と遊びに加わります。「ガタンゴトンガタンゴトン」と言いながら教室に入りみんなの周りを回ったり、電車の整備をまねてテーブルの下に潜り込みました。

報告のクライマックスである「冬の公園散歩」では、集団行動から一人遅れてきたはるちゃんを、1年生が大きな喜びで迎えています。何でも一番でないと気が済まなかったはるちゃんが、自分の自転車をたくちゃんに譲り、後ろを押してくれました。

入学時に引き継がれた「強度のさらされ不安」とは何だったのか。ここでは、その医学的詳細はわからないのですが、彼の姿から垣間見えるのは、人間に対する不信、不安、恐怖の蓄積です。不安の感情は、ある意味では、個体の生存を守る上で重要な機能ですから、これらの非社会的行動は、はるちゃんにとって自己防衛的な機能だったのだろうと推察されます。

木澤さんたちの学級は、その自己防衛の心性を認め、忌避行動を否定しませんでした。この安心感を基礎に、はるちゃんが出会った集団は、自分よりも幼く、たどたどしく生きている1年生でした。はるちゃんが彼らに対してとった行動は、「今だよ！」と助け船を出したり、電車に見立てたテーブルの下で補修に取り組んだり、総じて「助けてあげる」気持ちからでした。

人間集団への信頼を回復する過程は、決して「庇護される関係」だけとは限らないようです。むしろ、自分が一肌脱ぎたくなるような相手、集団を見つけることにあります。

自閉症の行動上の問題が、その基底に不安、不信、恐怖があるとした場合、当然、安心できる環境こそが不可欠です。しかし、子ども自身の能動性はそこに安住を求めるものではなく、むしろ自らの力を生かして誰かを助けることを求めています。この言い方がポジティブに過ぎるならば、共同性のなかで「自らの価値を実感できる瞬間」を求めていると言い直してもいいでしょう。乗りたくて乗りたくて、でもガマン

をしていた自転車にたくちゃんが乗り、それを押しているはるちゃんの姿が目に浮かぶようです。

2. 大島報告：自分の人生にコミットする

　大阪の小学校特別支援学級のこゆきちゃん。通読してわかるように、彼女も苦難を生き抜いた女の子です。生活のしんどさ、子育ての苦労を抱えて生きる母親と生活史をともにしてきました。

　子ども期の特徴は「自分の力だけでは、何の問題も解決することができない」ということにあります。特に、苦難を生きた子どもにあっては、自己の無力感はより強く自覚されます。こゆきちゃんが「自分のやりたいことを一度もさせてもらったことがない」と訴えるのは、決して投げやりな慷慨ではなく、無力感からくる真実でしょう。

　無力感は、口から出る言葉としては「先生が悪い」「○○君のせい」と非難や攻撃の形を取りますが、「子どもの感情の自己中心性」（ピアジェ）から考えると、「周囲で起きることの原因が自分自身にある」という考えを導き、「自分は悪い存在だ」という自己否定感につながります。攻撃的行動のすぐ裏側に「自分を否定する悲しいことば」があったと大島先生は振り返ります。

　こゆきちゃんが大きく変わったのは、ハロウィンパーティーの成功でした。バトントワリングやアイドル歌手への憧れなど、彼女の行動は少女期の切ない願いに彩られていますが、それまで、その願いは顧みられることはありませんでした。「自分の人生を何一つ変えることができない」と思っていたこゆきちゃん。彼女が、仮装をしてお菓子をねだって廻り、夢のパレードを実現できたことは「自分の人生を変えることができる」という自覚の瞬間でした。空想的万能感で世界をごまかすのではなく、自らの願いを自らの力で実現する。この経験と充実感は「いい子でいることを求められる世界」ではなく、自らが人生にコミットできるという人生観の転換になったと思われます。

　この時期を境に、進路選択においても、シュウ君たち、友だち関係においても新たな展開を見せているのはこの力の獲得が深く関係しています。

3. 黒川・大宮報告：「こだわり」が文化的価値を見つける道のり

　神戸の黒川・大宮報告も強い行動上の問題が報告されています。

涼くんは高等部生です。言語的な交流も難しく、知的障害も重いこともあり、行動上の問題は小学部時代から続いていたといいます。おしっこや嘔吐の問題は多くの事例で認められることであるとはいえ、ご家族をはじめ、関係者の心労も深かっただろうと推察されます。

　場所を選ばないかのようなおしっこ、健康状態を憂慮するほどの頻回嘔吐は、その背景に生理的欲求よりも、対人的な不安を強く感じさせるものとなっています。これらの逸脱的な行動は、自分の生きている世界への自己防衛的機制ともいえます。感覚的過敏性があり、それが強く作用して、生きる世界が嫌悪刺激に溢れている。さらに、介入する人間の意図や感情を直感的に把握することが困難であり、好意や愛情を感じにくい子どもにとって、この世界は恐怖であったと思われます。それに対抗する強烈な武器が「行動障害」と呼ばれるものになっていきます。

　この循環から抜け出す糸口として黒川さんたちが考えたのが、安心できる人の存在、キーパーソンの形成でした。しかし、それは決して簡単な道のりではありません。恐怖の世界を象徴するかのような人間存在に対して、安心や信頼の形成を試みるのは、涼くんにとって深い躊躇の足取りとなります。彼は長い時間をかけて、教師が「信頼に値する存在」なのかどうかを見極めています。

　信頼関係は、人と人とがただ向き合うだけでは形成されません。その間に文化があり、活動があり、肯定的情動交流が必要とされます。自閉症の場合、それは簡単ではないが故に、多くの文化的入り口を豊富に継続的に取り組むことで、ふと入り口が見つかることがあります。涼くんの場合、ストローアートでした。

　ストローを切り続ける行為は、一見、こだわり行動と見えました。「終わることができない」、行動の区切りを見つけることが困難でした。そこにとどまる限り、「こだわり」としてしか理解されないものでしたが、そこに創造表現的な要素が加わることで価値を変えていきます。報告にもあるとおり、スプレーのりをかけて造形表現としての永続性をもったこと。人との関係や、美術の時間の集団へのほどよい安心感が、情動的共有を伴った活動に変化しています。自由時間の「こだわり」が、美術の時間に位置づけることのできるストローアートへと発展したことで、本人にとっても重要な転機が訪れました。

　強度行動障害と言われる人の場合、その行動障害をどうやってなくすのかという観点でのみ、指導が検討されがちです。しかし、涼くんの場合、ストロー切りの中に

潜む共感の土台を見失わなかったことが重要でした。人への情動的共感が、不快を快に変え、それがさらに人への信頼を高めていくという道のりを感じさせます。まだ長い道のりを歩いている事例ではありますが、これまでの過程に手応えを見い出すことができます。

4．吉岡報告：大人になってわかってくること

　あみの福祉会の吉岡報告は、唯一、福祉事業所からの報告です。50歳を目前にした自閉症の小林さんが社会適応性を高めていく緩やかな道のりに、深い葛藤の跡を読み取ることができます。

　季節の行事予定にこだわりが強く、期待通りに実施されないと窓ガラスを割ったり時計を壊したり……。職員に手が出ることも自傷行為もあったといいます。小林さんのように十分に成長した男性が感情的に暴発すると、周囲は対応に苦慮し、女性職員の多い福祉事業所では大きな悩みとなります。

　楽しみにしていたスポーツ大会がないことを知り、それがあまりにも残念な事実ではあっても、どうしようもない現実だと了解するまでには、小林さんなりの論理的整合へのプロセスがありました。「グラウンドは工事中！」という説明理由を自ら見つけ、葛藤への武器としました。その間、職員は「ないものはないのだからあきらめなさい」と一方的に押しつけませんでした。また、予定を視覚的に教示することに頼ることもせず、彼の葛藤にとことんつきあうという姿勢を貫きました。

　学校と違って、福祉事業所の実践はスパンが長く、予定への「こだわり」も何年も継続します。卒業するまでの期間を何とかしようという「その場しのぎ」では解決しません。本当に納得し、解決しない限り、いつまでも続く問題なのです。だからこそ福祉事業所は視野を長く取る必要があるし、だからこそ、とことんつきあう気概も求められます。

　小林さんの葛藤には、大人だからこその深い味わいを感じさせるところがあります。様々な予定への「こだわり」は、自閉症固有の障害特性と言えばそれまでですが、やはり、その行事への切実な期待や夢があるからこその強い「こだわり」となっています。それは豊かな生活経験が裏打ちしているからなのですが、一方で、思い通りいかなかった経験や、その時に何とか乗り越えてきた経験が、葛藤場面で発揮されているとも感じます。ネガティブな経験のもつ価値が認められるのです。

当たり前のことですが、視覚情報などで事実を理解することと、それを受け入れて納得することは同じではありません。後者には、その哀しみや苦しみを受け止めるだけの人格的成長が求められます。小林さんの実践記録には、学齢期を超えて育ってきた人格的な落ち着きが感じられます。あまりにも長い時間と、人は言うかもしれませんが、本人にとってはなくてはならない登坂道だったのです。

5. 共通するものとしての、教師・職員の大らかさ

　ここまで、事例報告を読み進める中で、それぞれに個性的な展開があるものの、共通して流れている性質があります。それは、教師・職員の大らかさです。激しい「行動障害」に向き合うときも、ただ問題が消失すればいいという発想ではなく、本人にとっての意味を考え、大らかに接すると同時に、自らの教育・実践について率直に反省する気構えをもっています。

　木澤報告では、遅れて公園に登場したはるちゃんに対して、「はるちゃん、何で後から来たの？」と尋ね、「その方が、いいと思ったから」と誇らしげな顔で答える姿を見て、友だちへの優しい思いが育っている事実に接し、「ごめんなさい」と反省する教師がいます。大島報告でも、一見、粗暴に見えた女子の中にハロウィンパーティーへのささやかな憧れを認め、人生を自分の力で変革しようとする力を発見しています。男子の居丈高な様子の奥に、現代社会を生きる苦難を読み取っており、それが実践を支える力になっています。黒川・大宮報告では、忍耐強い実践が経年的に綴られていますが、そのプロセスは「行動上の問題の改善」という水準にとどまらず、人間に対する不安・不信を他人事としてではなく共感し、そこからの脱出に伴走しています。子どもと教師の笑顔が増えていく過程が描かれています。成人期の自閉症を記録した吉岡報告は、学齢期とは異なり、大人として遇している様子が伝わってきます。予定へのこだわりをどう克服していくのか、その主体は小林さん本人であるという敬意が随所に感じられます。仲間として長く接し、職員としてともに悩んできた経験がそれを支えていますが、指導する側、指導される側という関係ではなく、お互いの人格を尊重する気配が感じられました。

報告
教育相談の窓口から見た学校教育

神戸大学附属特別支援学校
西堂 直子
Saido Naoko

　国立大学附属の場合、定員があり入学選考をする必要があるので、本校では随分以前から入学相談・教育相談を実施してきました。当然入学に関する相談が多いのですが、実はそれだけでなく、現在在籍している学校で不登校であったり、行き渋りの状態で困っているといった相談も結構あります。本校の場合、入学相談・教育相談は学部の主事が担っています。私が小学部主事をしていた頃も随分たくさんの教育相談を受けてきました。

　学校に行きたくても行けない。そんな時代を経て、どんなに障害が重くても学校教育が保障されると、養護学校の義務制を大喜びしたわけですが、当の子どもが学校に行きたがらないとはどういうことでしょうか。学校は本来、行きたいと思っていくところ、とても魅力的なところではなかったでしょうか。

　子どもや親が学校をどう捉えているのか、学校とはどういう場所なのか、教育相談を通じて感じたことを綴ってみたいと思います。

1. ケース１
　　小学校3年生祐一くん

　小学校入学に関しては支援学校をすすめられることなく、地域の小学校に入学し、支援学級に在籍した祐一くん。1年生の時はほとんど学校に通うことができていたようです。しかし、3学期になり少し行き渋るようになりました。3月のある朝、学校には登校したものの玄関の靴箱横で大泣きになり、結局1日教

室には入れず泣き続けました。理由はいまだ不明。翌日から不登校になりました。

　2年生からは全く校舎に入れない状態が続きました。朝はランドセルを背負って学校に行くことはあるのですが、学校に行っても校舎には入らず、運動場の奥のブランコに乗っています。チャイムがなり、子どもたちが校舎に入りだすと祐一くんは下校するのだそうです。

　いろんなところに相談に行ったそうですが解決策は見えず。今は月に2回、児童デイサービスを利用し、他はほぼ家で過ごしています。家族も疲れてしまう。どうしたらいいのかわからない、といった内容でした。

ここも学校だから

　初めての相談は5月末。スクールバスを利用して、両親と一緒に来校しました。とても緊張している様子でしたが、中庭の遊具を見て1人で駆け出しました。ブランコ、シーソーでしばらく遊んでいましたが、私と父親が話をしていたのを聞いていたようです。「そろそろ朝の会がはじまる」といった会話を聞いて急に「おうち、帰る！」と言い出しました。教室に連れていかれる、と思ったのでしょう。建物に入ることは全く拒否。とても悲しそうに泣き出すのです。具体的には何も提示していないので、そんな

に嫌がることはないだろうに、と思いましたが、彼の中にできた『学校』のイメージがそうさせたのでしょう。だんだん不安定になって、泣き声も大きくなってきます。

　学校ではらちが明かないので、学校前の公園に行かないかと誘ってみると、自分から公園にむかって走り出しました。公園には何種類もの滑り台があります。さっきまで泣いていた表情は一変し、お父さんと一緒にいろんな滑り台に挑戦していました。

　身体を動かしたり、遊具で遊ぶことが好きな元気な男の子ですが、学校に対する拒否反応がどこから来ているのか、両親の話からは全く原因をつきとめることができませんでした。ただ、学校の校舎内は嫌で、自分の小学校だけでなく、今日来たここも学校だから嫌だ！　ということだけは強烈に伝わってきました。

　無理に学校に行かせることは絶対ダメ。でも、いっぱいエネルギーを蓄えている子なので家に引きこもることは避けなければいけない。そう思わせる子どもでした。

彼の中の必然性

　次の日の朝、父親から電話がありました。「昨日の体験が楽しかったのか、朝から『行きたい』と言っているので、行っ

てもいいか」というのです。昨日は学校では大泣きをしていた祐一くん。嫌なイメージをもって帰ったのではないかと心配していたので予想外の電話でした。彼自身が「行きたい」と言ってくれたことはとてもうれしいことで、また、昨日はゆっくりと両親の話を聞けなかったこともあり、その日も来校してもらうことにしました。

　学校に着くなり、彼が走り出したのは学校前の公園でした。昨夜降った雨で遊具は濡れていたのですが、おかまいなしで遊ぶ祐一くん。昨日の滑り台が楽しかったようで、今日も何度も階段を駆け上がって滑り台を滑りました。当然ズボンは濡れ、パンツまで濡れてしまって、ちょっと歩き方が変。パラパラと雨も降ってきました。気持ち悪くなって着替えたくなったようです。

　私は少し間をあけて、「濡れちゃったね。向こうで着替えようか」と学校の方を指さして声をかけました。チラッと学校を見て考える祐一くん。ゆっくり歩き始める私の後をついてきました。校舎に入り、廊下の前で靴を脱ぎ、相談室まで入ってくることができました。そこで着替えを済ませてほっとした表情をみせました。

　建物そのものの空間が苦手な人もいるのでしょうが、彼はそうではないよう

です。建物が嫌だとか怖いわけではなく、校舎という建物の中で繰り広げられている事柄に対する拒否があるのでしょう。着替えをするために校舎に入ってくることは彼には必然性があり、拒否する必要はなかったようです。

少しだけ、相手の話をきいてみようかな

　着替えを済ませて気持ち良くなった祐一くんは、また公園へ行こうとしたのですが、「雨が降ってるよ。また濡れちゃうよ。向こうのトランポリンしようよ」と誘ってみました。少し戸惑いながらではありましたが、誘いに応じてプレイルームまでついてきました。

　プレイルームに入ると、すぐにトランポリンが目に入り、自分から上がって跳び始めました。やはり身体を動かして遊ぶことが好きなようです。その後バランスボールやスクーターボードにのって遊びました。一通り遊具を試した後、部屋の隅に置いてあった紙芝居や絵本にも興味を示し、自分から手に取りました。紙芝居を読んでもらった経験があるのでしょう。手にした紙芝居は『ひらいたひらいた』でしたが、紙芝居を1枚1枚めくりながら、それらしく自作のお話を始めました。続いて『とっとこ　とっとこ』の絵本をめくりながら、これも自作のお話をしてくれました。2年生から

不登校になっていると聞いていたので、遊びに対する興味関心はあまりなく、活動に向かうエネルギーも少ないのではないかと勝手に想像していましたが、全く外れていました。

　彼がトランポリンに乗って跳んでいる時に小学部の子どもが入ってきて、一緒に跳び始めたのですが、それほど嫌がることなく、しばらく一緒に跳んでいました。もちろん初対面の子どもです。人に対する警戒心はそれほど強くはないようです。けれど、隣の教室から朝の会の歌が聞こえた時は緊張した顔になり、「おうち、帰る！」と言い出しました。朝の会の歌が学校の授業を想像させたのかもしれません。

3回目の相談日

　前回の活動を同じように繰り返しました。まず、学校前の公園に行き、滑り台を滑ります。ターザンロープを数回挑戦し、もう一度滑り台。誰も声かけをしないのに、『ここはおしまい』とでもいうように自分から学校に向かいました。前回入った相談室に行こうか、プレイルームに行こうか迷っている様子です。「トランポリンしようか」と声をかけると、自分からプレイルームに向かって走り出し、プレイルームに入室。1人でトランポリンを跳び始めました。初日、あれだ

け校舎に入ることを嫌がっていたのに、あっさりクリア。ここは「学校」というより、自分が楽しめるトランポリンがある場所になったのでしょう。しばらく1人でトランポリン、バランスボール、紙芝居などで遊んでいました。

　そこへ、小学部の子どもたちと数人の先生が入ってきました。ちょっと緊張が走りましたが退室することはありません。先生と子どもたちの声が響き楽しそうに遊んでいる様子をしばらく見ていました。「せんたくものゴシゴシ洗おうよ〜」と歌を歌いながらの手足ブランコには興味をもったようです。子どもたちは笑い転げ、「もう1回！」と何度も先生にせがんでいるのですから。自分もやってみたいな。そんな気持ちになったのかもしれません。それでも自分から関わっていこうとはしなかったので、あえてこちらからも声をかけることはせず、一緒に遊びの様子を眺めていました。『おもしろそうだな』と思ったこと、せっかく『やってみたいな』と思ったことですが、それが『やらされること』にならないように、焦って誘うことはしませんでした。

4回目の相談日

　前回と同じように公園からのスタートです。プレイルームで遊んでいる時、私は「せんたくものゴシゴシする？」と

声をかけて、かわいいキャラクターの絵がプリントされているピンクの毛布を広げてみました。「せんたくものゴシゴシ」は毛布ブランコをする時の歌です。彼は何を言われているのかがわかって、躊躇なく毛布の真ん中に寝転がりました。前回の子どもたちの楽しそうな様子を覚えていたようです。祐一くんは小学3年生。体重は少々重くはなっていましたが、お父さん、お母さんそして私の大人3人がかりで毛布ブランコをしました。とても楽しかったようで、何度も催促し4～5回は繰り返しました。

その後、外のブランコで遊んだのですが、「せなか押してください」と言葉で要求を伝えてきました。彼の方から私に直接話しかけてきてくれたのは初めて。少し彼に近づけた気持ちになりました。

5回目の相談日

彼との距離が徐々に縮まっていることを実感できるようになってきました。私に対し、言葉で要求してくるようになったのです。「ミッキー、せんたく！」これは『キャラクターの毛布でせんたくものゴシゴシ（毛布ブランコ）をしてほしい』ということでした。「佑ちゃんおいで」と私が誘うとその言葉に応えて毛布の上に大の字に寝転がるようにもなりました。

毛布ブランコをした後は運動場に出てブランコを楽しみました。その時、中学部の生徒がシャボン玉をつくって遊んでいるのを見つけ興味をもったようです。ブランコから降りたものの、自分からは近づいていけません。私がシャボン玉をしている近くのベンチに座ると、そっと横に座り、一緒にシャボン玉をながめることができました。帰り際には「楽しかった！」と言って手を振って帰っていきました。

6回目の相談日

学校の中に自分の楽しめるものをいくつか見つけた祐一くん。プレイルームに自分から入りトランポリンで遊び始めました。そこへ小学部の児童が入ってきました。その子がトランポリンの上にあがると2人で手をつないで跳び始めたのです。その後、数人の子どもたちが入ってきて毛布ブランコが始まりました。しばらく子どもたちが楽しむ様子を見た後、佑一くんも毛布ブランコを楽しみました。

何か楽しいものはないかと周りを見るようになってきたと思うのですが、「もうすぐ授業がはじまるから、体育館に行くよ」という先生の声を聞いて、慌てて「おうち、帰る！」と言い出しました。『授業』という言葉に拒否反応があるのか、

何かをイメージさせるのか。

『授業』という言葉に期待をもてるようになるまでにどれくらいかかるのでしょう。

7回目の相談日

公園でしばらく遊んだ後、学校に戻ってきました。プレイルームでトランポリン、毛布ブランコをした後、運動場に出ました。自転車に乗った後、ブランコでしばらく遊ぶと「おうち帰る」と言って手を振ります。一緒に楽しめたという充実感をもてなかった私は「水遊びをしよう」と誘ってみました。すると私の後をついてきて、小学部のテラスでホースを使って水遊びを始めました。1人で楽しそうに水遊びをしているように見えましたが、しばらく遊んで「おうち帰る」と手を振りました。

達成感よりも疲労感になってしまう

初めて会った時の彼は、人との関係だけでなく、自分のしている活動にも「次は？　次は？」と間のもてない印象でした。その後ブランコやシーソーをするようになってきましたが、「楽しかったね」と活動の余韻を共に味わう余裕はありませんでした。言い方を変えれば、楽しかったはずの活動がしんどかった活動にもなってしまうのです。

彼自身、速く動けてしまうので、周りはそのペースに惑わされてしまいがちですが、彼と付き合う中で、このペースが彼を追い込んでいるのではないかと感じるようになりました。

彼自身が安心し、充実できる彼なりのペースがあるのでしょうが、そのペースが崩れているようでした。本来の彼自身のペースが保障されれば安心して活動に没頭することができ、活動を振り返ったり、他者と楽しさを共有することができるのかもしれないのですが。音や言葉かけ、相手の視線1つに反応し、なんだかいつも何かに追い立てられているようにも見えました。じっくりと自分のペースで活動することで気持ちが満たされる、そんな経験をしてほしいと思いました。「できる」ことを積み重ねるだけでは、達成感よりも疲労感を積み重ねることになるのかもしれません。

2回目の相談では1回目の遊びを繰り返し、3回目の相談では2回目の遊びを繰り返してから次の遊びを始めた祐一くん。そうやって、前回の活動を自分のペースでやり直しながら遊びの面白さを自分の身体と心に刻み直しているようでした。

大人の意図に過敏な祐一くんは、相手から言葉をかけられると、自分なりの勝手な解釈をしてしまいます。できる範

囲で彼は相手の要求に応えていたに違いありません。しかし、自分の意図と大人の意図の調整が難しく、相手からの要求はとっても負担になっていたのではないかと思います。私が初めて会った時は、嫌なこと、怖いことからはいつでも逃げ出せるような構えをつくっているように見えました。自分の思いや感情をうまく相手に伝えられない時、彼は逃げ出すしか方法はなかったのでしょう。

保護者からすると、祐一くんは一語文、二語文を使って要求を伝えることができる。走ったり、跳んだりと身体を使って遊ぶことが好きで、上手にバランスをとって自転車に乗ることだってできる。少し育てにくさはあるものの、頑張らせればできることはどんどん増えるはず。という受け止めだったのでしょう。なぜできない。なぜ頑張らない。お父さんお母さんの焦りは募ったに違いありません。

わが子が不登校になった原因はわからないようでした。ただ、『学校が嫌だ』という子どもの思いを受け止めきれなかったことを悔いておられます。そんなに無理をさせたつもりはないのだけれど。今は、子どもの思いはどこにあったのかと当時を振り返っているようです。

2. ケース2
小学校2年生和也くん

母親のみ来校

相談内容としては「全く物が食べられなくなった。現在は家でほぼ寝ている。今の状態では、学校に行くこと自体考えられないけれど、今後どうしたらよいか相談したい」といったものでした。

子どもの異変

そもそも偏食がある和也くんです。それが、家でも徐々に食事がとれなくなっていったようです。なぜだろう？ そんな疑問をもちながらも、共働きで、お兄ちゃんと和也くんの2人の子育てをしているお母さんは日々の忙しさに追われていました。忙しい毎日ですが、毎朝、学校に行く時には「頑張ろうね！」とお母さんが和也くんの両手をもって、笑顔で話しかけるのが日課だったといいます。しんどいこともあるだろうけど、みんな頑張っているのだから、今日も頑張ろうねという思いを込めて。穏やかな性格の和也くんはきっと優しい笑顔を返していたのでしょう。

けれど、ある時、学校に持って行っているスプーンを見て表情が異常にこわばったというのです。学校で何かあったのではないかと思ったけれど、発語のな

教育相談の窓口から見た学校教育　109

い和也くんは何も教えてくれません。ここで、「学校で何かありましたか？」と直接担任に聞けたらよかったのでしょうが、お母さんはそれができなかったようです。学校で何が起こっているのか？という不安だけが募っていきます。そして食事がとれなくなり日々衰弱していく和也くんを見て、お母さんは学校給食に問題があるのではないかと思うようになりました。

なんとか学校に頼み込んで給食の様子を見せてもらったようです。それが、予想をはるかに超えたひどい指導だったというのです。先生がスプーンで食べ物を和也くんの口に入れ、飲み込むまで口を押えている。先生はこうやったら食べることができるというのだそうです。家族の前で、ああいうことができることが信じられない。もっと早くにこの異常事態に気づくべきだった、と。今は全く食事ができないので、学校には行かず家にいる。栄養ドリンクでなんとか命をつないでいるというのです。

担任とじっくり話をした様子はありませんでした。話をすれば、何が問題なのか、または子ども理解のどこがずれているのか少しは見えてきたのかもしれませんが、お母さんは失望と落胆の思いで、何をどうしたらよいのか途方にくれている状態でした。

そんなお母さんの憔悴しきった様子を見て、心配した友だちが本校の教育相談をすすめてくれたそうです。

先が見えない

相談の主訴としては、転校でもなく、今の学校への働きかけでもなく、「これからどのように生きていけばよいのかわからない」といったもので、お母さん自身の気持ちの整理や心の回復が必要な状態でした。学校への失望、そして自責の念にかられて疲れ切っておられたので、ゆっくりと話を聞くことにしました。

学校は楽しいところ

本校の教育相談は入学・転入学相談が多いので、別室での個別相談だけではなく、授業参観も含めて行います。特に今回は校舎の耐震工事の真っただ中で、校舎が使えず、小学部の子どもたちは広い和室のある生活訓練棟で過ごしている時でした。同じ和室の片隅で、小学部の子どもたちの様子をまじかに見ながら、話を進めました。

私としては、本校の授業と昼食の様子を見てもらうことがねらいでもありました。耐震工事で給食が作られず、簡易給食（パン）とお家から補助食として持ってきているお弁当を食べるといった昼食です。それでも、子どもたちも先生

110　報告

も、待ちに待った昼食です。クラスごとにテーブルを出し準備を始めます。早々にお弁当を取り出す子、ゆっくりとトイレにむかう子と付き添う先生、自分特製の飲み物を作るために食堂へ向かう先生と子ども、みんなにパンを配ってくれる先生と子ども。それぞれの動きはバラバラですが、みんながなんだかうれしそうで、昼食を楽しみにしています。菓子パン2つと牛乳といったお粗末な昼食ではありましたが、お母さんが持たせてくれたスープやデザートは特別な御馳走で、みんなで食べると食卓も華やぎます。座卓で食べる昼食はピクニック気分で、それはそれで楽しいものでした。そんな雰囲気を感じながらポツリポツリと話は進んでいきました。

お母さんにとっては本校のとりくみは驚きというより、衝撃だったようです。自分のイメージしていた学校とは全く違っていたのです。本校の子どもたちの様子や先生のかかわりを見て、お母さんなりの発見があったようで、突然「わかりました！」といって話を始められました。

逃げ場のない指導

「私は親ですが、親も家で『先生』になって子どもに頑張らせすぎていました」と、家でのわが子へのかかわり方を振り返り始めました。「頑張れ！　頑張れ！　を繰り返していたんです。親の思いに応えようとして、子どもはしんどいと言えなかったんだと思います。ちょっとしんどそうでも、登校時には『頑張って！』と声をかけていたので。いっぱい頑張っている子どもにはつらかったと思います。『ゆっくり』『子どものペース』でいいんですよね……」。

また、子どもたちの楽しそうな給食の様子を見ながら、「うちの子は、今は栄養ドリンクしか口にすることはできませんが、以前は味噌汁が好きでした。美味しい出汁の匂いをかいだら食欲も出てくるかもしれませんね。みんなで食卓を囲み、楽しい雰囲気の中での食事場面をつくりたいと思います。一から育ち直しですね」。

そしてもう1つ大きな発見があったようで、お兄ちゃんの話が始まりました。「兄に対しても、『宿題は済んだのか』『本読みはちゃんと3回やったのか』と追い込むことが多かったんです（学校からは3回の音読という宿題がよくでるそうです）。3回読んでなくても、『本読み、やった』というなら『それでいいよ』と認めてあげていいんですよね。学校でうまく読めなければ、自分で頑張ろうと思うようになるでしょう。家でも私が『先生』になっていました。家ではもっと受

教育相談の窓口から見た学校教育　III

け止めてあげたいと思います」。そう言った後、家庭での子どもたちの話をたくさんしてくださいました。

支援学校での不登校

とても頑張って子育てをしてこられたお母さんです。小学校就学に関しても随分悩まれたようです。支援学級にするか支援学校にするか。そして特別支援学校では一人ひとりの課題に合わせたていねいな教育がされると信じて支援学校を選ばれました。どんなに障害が重くても教育を保障するためにある特別支援学校ですので、お母さんからすると、特別支援学校に通えなくなるなんてことは想像もしていなかったにちがいありません。

支援学校でうまくいかなくなってしまったら行くところがないと思ってしまったようです。学校に対して何をどう要望したらよいのかわからなかったのでしょう。期待していたものとの違いに戸惑い「学校」に対しては不信感のみをつのらせることになってしまいました。こんな状態になるまでに、担任と話ができなかったのか悔やまれるところではありますが、お母さんの印象では、今の学校はガードが固く、本音で話し合えないというのです。

焦りの指導

特別支援学校における給食指導については、今回だけでなく、いろいろな問題を耳にします。障害児には偏食の強い子どもがたくさんいます。感覚過敏がその大きな要因に挙げられますが、臭覚や味覚、触覚だけでなく、大人の対応に対する感覚も過敏です。無理矢理に食べさせられた体験は心の大きな傷になります。食べ物だけでなく、大人への拒否反応を生むことになるのです。和也くんは、スプーンを見ただけで体調が悪くなる状態に陥りました。食べてほしいという願いが食べさせる指導になり、今まで食べられていたものまで食べられなくなりました。食に対して、人に対しての拒否反応を生み、まったく食べ物を口にできない状態になりました。

できることを増やしたいあまり、追い込む指導になってはいないだろうか、子どもが思い通りの行動をとってくれないという理由で、焦った指導になっていないだろうか、子どもの人格を尊重し、人としての尊厳を守れているだろうか。人を相手にした教育に携わる教師は常に意識しておかなければなりません。

ただ、今回、お母さんは学校に対する不信感だけを訴えたのではありませんでした。話の中でお兄ちゃんの話題を出された時は、突然で、何が言いたい

のかすぐには理解できませんでしたが、よくよく話を聞いてみると、和也くんにだけでなく、お兄ちゃんに対しても頑張れ、頑張れと言い続け、それがお兄ちゃんを追い込むことになっていたというのです。子どもに対して同じことをしていた。親の思いばかりを突き付け、子どもの思いに気づけなかった。と自分自身を振り、自分の価値観を見直すきっかけになったようです。子どもの思いを大切にすること、子どもを信頼し寄り添うことから親をやり直してみたい。そんな思いを語られました。

学校とはどういうところか

その後、2人とも転校をし、現在は学校に通っているそうです。今回、不登校になった2人の教育相談をとりあげましたが、2人のケースから改めて学校とはどういう場所なのかを考えさせられました。

祐一くんの保護者も和也くんの保護者も教育熱心で、とても真面目な方です。きっとご自身も規律正しく真面目に学校に通われていたのでしょう。保護者なりに、学校または学校生活のイメージをしっかりもたれていたのだと思います。子どもにも、こんな学校生活を送ってほしいというものがあったと思います。わが子に障害がある、または障害

があるかもしれないとわかった時、大きなショックを受けられたと思いますが、できる限りのことをしようといろいろな機関に相談にいったり療育を受けたりしています。早期発見・早期療育が大切だからです。

しかし私は、「早期発見・早期療育」という言葉は危険だなあと感じることがあります。保護者からすれば早期発見し早期療育すれば『みんなに追いつく』と錯覚する危険があるからです。確かに早期療育により、重度化をさけられる障害もありますが、障害を早期に発見することで、その子にあった療育や保育を考えることができるわけで、健常児に追いつくことが目的ではないと思うのですが。

2人のケースとも真面目に療育を受け、就学相談を受け、判定通りに就学先を決定しています。就学時の学校選択の時、いろいろな学校を見て、学校の違いをわかったうえで就学先を決めたつもりだったと思います。そして、少しくらい嫌なことはあっても、毎日通うのが学校で、少し我慢して、少し頑張ると楽しいこともあるし、学校に通うことで子どもは成長できるのだと信じ、毎日子どもを学校に送り出しました。就学先選択で十分悩んだ保護者はまさか小学校低学年でわが子が不登校になろうとは全く予想していなかったことでしょ

教育相談の窓口から見た学校教育　113

う。なぜ、うちの子は学校に行けない？
なぜ我慢できない？　なぜ頑張れない
い？　なぜ、みんなと合わせられない？
と子どもを、自分を、教師を攻め、追い
詰めることになっています。

　本当に学校の違いをわかっていたの
だろうか？　そもそも学校とはどういう
ところなのだろうか？　子どもの不登校
は保護者に「学校とは何か」を考えるきっ
かけを与えてくれたのかもしれません。

　学校というところは初めに枠が決めら
れていて、そこからはみ出すことをよし
としません。祐一くんの場合、自分のペー
スが保障され、その安心感の中であれ
ば自分の思いや行動を調整することが
できるのですが、過敏で、不安・緊張
が高いために、少しの刺激に対してもそ
れを敏感に受け止め、拒否反応を示し
ます。見通しをつくるための枠をつくっ
ておくことは必要かもしれませんが、行
動を規制する枠や行動を押し付ける枠
は彼にはとても負担になるようです。

　和也くんの場合、嫌を表現する手段
が乏しい。大人のつくった枠の中で、大
人の意図に応えようとしてしまう。それ
が負担となり、身体の異常となってやっ
と現れます。

　どちらにしても、決められて枠の中で、
決められた行動を強いられることを拒絶
しているのです。

　子どもが不登校になり、はじめて親は
学校の異常さに気づきます。

　悲しいことに、教師が学校の異常さに
気づいていない場合が多いように思い
ます。教師もまた、決められた枠の中で
仕事をすることを強いられ、枠からはみ
出すことが許されていないのですから。

　活動の見通しをもたせ、学校生活の
リズムをつくっていくうえで、教育課程
という枠はとても大切なものです。教育
課程をみるとその学校の特徴も見えて
くるものです。けれど、その意味を理解
せず、形だけにとらわれ、その枠内での
み教育をしようとすると、どんどん子ど
もの気持ちは離れていきます。

　学校が、祐一くんや和也くんの行き
たいと思える場所になっていたかについ
て、教師はしっかりと子どもの心に向き
合って考える必要があると思います。

　学校は行かねばならないところではな
く、行きたいところのはずなのです。私
たちは、教育を受ける権利を勝ち取っ
てきたわけで、学校は子どもたちの要求
に応える場所でなくてはなりません。誰
かに都合のよい人材育成の場ではない
のです。子どもたちが息苦しいと感じる
学校、行きたくないとまで思う学校。ど
こに問題があるのか、子どもの心に問う
てみる必要があると思います。

114　報告

特論

子どものかわいさ・おもしろさをわかちあう療育実践

心理職はどのように加わることができるのか

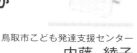

鳥取市こども発達支援センター
内藤 綾子
Naito Ayako

はじめに
就学前の療育施設とは

　就学前の療育施設は、どんな特徴をもっているのでしょうか。近藤直子さんは次のように整理しています。1つは生活づくりを大切にしていること。子どもは、心と体を十分に使って心地よさを感じることで、自らの生活の主人公になります。自ら要求でき、手応えをつかめるようになると、もっと積極的になり、新たなことにも挑戦するようになります。「一般に、1クラスの人数が8名から10名と少なく、日課もゆったりと」組んでおり、また「障害児だけで集団が構成されているため、活動も子どもの発達に合ったものが取り組まれることになります。」（近藤、2005）

　もう1つは、「日常的に各職員が子どもを多面的にとらえ、子どもの本質的な問題や課題を確認することができるメリットがある」点です。「子どものつまずきの原因を探り、子ども自身がつまずきを乗り越えていこうと見通せるような手立てを考えていくためには、複数の職員の眼、なるべくならば多職種による検討が必要」であり、1クラスに複数の職員が配置されている療育施設においては、担任を中心にクラス担任集団、そして園内で子どもの姿をじっくり検討することが可能となります。

　本章で紹介する療育施設（定員30名、異年齢で構成する3クラスおよび外来療育クラスをもつ）においても、子ども3人に対して職員1人が配置され、子どもの「楽しさ」を中心にすえた療育を

保育職員がつくり出してきました。また、日常的に職員同士の情報共有をし、心理士等の定期的な観察やカンファランスを通して、子どもをていねいに理解することにつとめてきました。しかし、子どもたちの抱えるしんどさはさまざまです。抱えているしんどさにどう寄り添い、楽しい経験を保障していくか、実際には迷うこともたくさんあります。けれど、子どもの姿を中心にすえ、職員同士で悩みを含みこみ考えていくプロセスを経ながら実践はつくられていきます。その取り組みに、心理職はどのように加わることができるのか、さくら先生の1年間の療育実践からみていきたいと思います。

1. かかわりを模索する春

空くんとさくら先生との出会い

さくら先生はすずらん学園4年目の保育士です。4月、年長になった空くん（自閉スペクトラム症のお子さん）を担任することになりました。年少から入園している空くんのことは、グループ療育の時間や夕方の時間にかかわることもあって、さくら先生も知っていました。けれど担任として受け持つのは初めてです。「賢いけれど、やりとりは一方通行になりがち」。それが、空くんに対してもっていた印象でした。

アニメ動画のせりふばかり口にする空くん。さくら先生は何とか彼の楽しむ世界を共有したくて、働きかけを工夫しながらかかわりの糸口を探していました。年少、年中と過ごしてきた空くんにとって、学園は徐々になじみのある場になってきたとはいえ、担任が変わり、デイリープログラムへののりにくさもありました。前担任の名前を呼ぶ姿はありましたが、さくら先生の声かけは入りにくいままでした。

一緒に遊びを楽しみたい気持ちから、さくら先生はカードも使ってみることにしました。最初は、カードに興味をもっていた空くんですが、途中で気に留めなくなります。迷ったさくら先生ですが、空くんを観察するなかで、写真に自分の姿が写り込んでいると反応がよいことに気づきます。そこで、次の活動を知らせる際に、空くんが写っている写真を見せると、「ぼくがするんだ」と気づいて一緒に外遊びに行ったりするようになりました。少し手ごたえを感じたさくら先生でしたが、大人の指示を待てない姿や決まった順序へのこだわりがあり、関係をつくりながら柔軟さも引き出していきたいと考えていました。

発達検査
——アセスメントをし療育上の手立てを探る

　5月、学園では心理士による発達検査を行いました（新版K式発達検査2001）。お子さんの今もっている発達の力を把握し、日々の療育の手立てを考えるためです。

　心理士は、いつもの空くんの様子をつかむため、クラスでの姿を観察した上で、さくら先生同席のもと、検査を実施しました。さくら先生がいることで、空くんもなじみのない心理士のいる部屋にも入ってくることができました。さくら先生は空くんの後ろで心理士とのやりとりを見ていますが、空くんがふいにさくら先生と目を合わせたり、困ったようなしぐさを見せたとき近くにきたりしてくれました。

　検査を通して、次のことがわかりました。空くんは検査時5歳3か月、【姿勢・運動】領域は3歳10か月、【認知・適応】領域は3歳0か月、【言語・社会】領域は2歳4か月、【全領域】が2歳8か月でした。玩具が提示されると間がもてずすぐに手元に引き寄せてしまう、積木はモデル通りの構成にせず対称形を好んで作る、〈形の弁別Ⅱ〉で指さしを求めるがカードを引き寄せて重ねていく、描画の途中で自分のペースで描き始めるなど、やりとりの入りにくさやマイペー

スさがうかがえました。しかし、積木のトラックを走らせる、心理士が質問すると目を見る、セリフ調だけれどその場に合うことばを言うなど、検査者を意識するそぶりも見られました。

　クラス担任の先生たちとのカンファランスでそのことを報告すると、先生たちからはまず、検査場面においても彼なりの順序やパターンを好む姿がみられたことにかかわる発言が出ました。「持っているものは友だちに渡せない。作ったものが崩されると手が出るね」「今日もCDをかけていたけれど、セットのうち1枚目のCDだったから、気持ちが崩れてパニックになっていたかもしれない。2枚目のCDに、空くんの好きな時計の歌が入っていたから。『時計にして、だよ』と何回か声をかけるとそう言っていた」と。

　もう少し話が進むと、「そういえば、よく行くお店のセットメニューなら、ごっこ遊びができる。違うメニューを言っても出してくれないけれど」「クラスの子どもの名前は覚えてる。名前は呼ばないけれど、配り物はできるなあ」と、相手とやりとりを共有する力の芽生えともいえる姿が出てきました。検査時、さくら先生や検査者を意識する姿とも重なります。こうして、カンファランスを通して、さくら先生は、伸びてきた力を

人に向かわせていきたいという願いをもち、相手と喜びを共有するしかけをつくっていきたいと考えました。

カード使用への迷い

　この頃さくら先生は、試みていたカードの使用に迷いをもっていました。「決まった流れを写真にしているけれど、空くんが思いを表してくれるようないい方法はないかな。コミュニケーションは広げたいと思っているんだけど……」

　心理士は、さくら先生の思いを聞きながら、こんなことを考えていました。"生活の流れをつかみにくいと混乱する空くんにとって、カードは確かに支えになるかもしれない。でも、検査の様子やふだんの姿からすると、相手への意識も芽生えているのではないか。さくら先生も、日課の指示としてでなく、気持ちを結び合うために、使いたいと願っているように思える……。"

　そこで、小渕論文＊を紹介し、切り替えの場面でカードを支えにするだけでなく、人を支えにするという視点もあるのではないかと伝えました。また、その後の空くんの様子を観察しながら一緒に考えてみたいと提案し、経過を追っていくことにしました。

＊この論文の中で小渕（2015）は、特別支援
　　学校小学部5年のAくんが、机を運ぶこと

を理解し、見通しをもっていたが、他児が出入りしている煩雑な状況で、どのタイミングで机を持ちドアの方へ持っていけばいいか、とまどっていたとも考えられる姿を例に、行動させる手段としてカードを使うのではなく、その不安感を教師が支えることこそ、教育的指導であると指摘している。

2. お互いの様子が　　わかりはじめる夏

　7月、さくら先生は、空くんとの関係ができてきたことを感じ始めます。例えば朝の会で、「今日はプールには入れません。残念だねえ」とクラスの子どもたちに話をするさくら先生をじーっと見つめた後、悲しそうな顔をし、涙は出ていませんが目をこすりながら「あーん」と言ったり、さくら先生が「パンダグループだと思う人？」と問いかけるのをじっと見て、名前を呼ばれると「ハイ」と手を挙げたりと、さくら先生をじっと見る姿が出てきました。

　また、シール貼りやタオル入れなどの朝の準備も、声かけがなくても写真カードを見てするなど、生活の流れもスムーズになってきました。給食後の歯磨きも、自分で写真カードを持っていき、仕上げになるとさくら先生を呼びに来て磨かせてくれるようになります。さくら先生は、「私と空くんとが築き上げてきた関係が

あるからかな」とうれしく思う反面、担任がいるのに他の先生が仕上げに来ると怒って泣く空くんを見て、「他の先生のことも受け入れてくれたらいいのだけれど……」と感じるようになりました。

また、自分でできることが増えていく空くんを見て、"カードにも固執してほしくない、どこかでカードを卒業させたい"と考え始めます。もっと空くんとかかわりたい気持ちと、他の先生とも日課に取り組んでほしいという思いとの間で揺れるさくら先生。

結論を急ぐのではなく、さくら先生不在時の空くんの様子も含めて観察していきながら、カードは空くんにとってどんな意味があるか、一緒に考えていくことにしました。

手持ちのパターンを支えに人との関係をつくる空くん

同じころ、心理士と目が合うと近づいてきて、ネームカードの写真を見つけて「あ、これ」と言うなど、自分からなじみのある大人にかかわる姿も出てきました。そんな空くんを見て、さくら先生は、「何か伝えたい気持ちが生まれてきたんじゃないか」と感じます。

エコラリアのような言い回しですが、楽しいことばかけも聞かれます。クラスの子どもたちが上がり終えてもなおプールで遊び、ようやくプールから上がった空くん。最後までプール遊びにつきあってくれたほのか先生(前年度の担任)に体を拭いてもらいます。そして、もう拭き終えた後だったけれど、「あとはふきふき」と言い、ほのか先生に、「もう拭いたよ!」と突っ込まれながらも、おかまいなしに、でもうれしそうに、「楽しかったねー」と言うのでした。

8月、おはようと声をかけた心理士に、目を合わせず、ふいと横に行ってしまいました。なんだかさみしい気持ちになった心理士。けれど、少し遅れて「はよ(おはよう)」、そしてもう一度下を向きつつ「おはよう」とあいさつしてくれました。少し、時間差があるけれど、つながり合える。そんな様子を、さくら先生は「関係ができてきた」と表現したのかもしれません。

テラスでおだんご遊びをしたときのこと。テーブルには、ジュースに見立てた色水やころんとした形の色とりどりのおだんごが並んでいます。空くんは、いつものように「カルピスはこれにしようかな」と一人でおしゃべりしたり、色水同士を合わせたり、ときどき勢いよくボトルに注いだりと、一人遊びを中心にしていました。そのうち、声をかけてくれる先生のことばやしぐさを真似たりしながら遊びます。そして、カップの中に黄色

子どものかわいさ・おもしろさをわかちあう療育実践　119

いおだんごを入れて「黄色いおだんご、完成ー」と実習生のところへ持って行きました。「ありがとう」と食べてもらい、「違う色も食べたいな。黄色いおだんごちょうだい」とリクエストされると、カップの中に黄色いおだんごもあるのに、再び席に戻っては「はい、おだんごが、これを、まぜて、おだんごを出して、黄色、かき・まぜ・てー」「はい、完成ー。黄色、完成ですー」と再び渡しに行く空くんでした。かけあいを楽しんでいるかのようです。

　9月には、さくら先生が、空くんの発言にある法則性があることに気づきます。困ったときは「おなかいたい」、話しかけたい人がいて話しかけたいときは「おはよう」、さらに「何してるの?」と言うこともありました。さくら先生は、大人が反応を返してくれるのを期待しているのではないかと考え始めます。

　こうしてみると、空くんのエコラリアや遊びは、パターン的要素は残しつつ、場に合ったやりとりとなってきていることがわかります。春、同じ手順やメニューにこだわっていた空くんでしたが、夏頃にはその様相は残しつつも、相手とやりとりをする楽しさを感じているかのようでした。そしてそのかかわりの範囲も、さくら先生との関係ができたことで、まわりの大人にも広がってきていました。

3. 気持ちを通わせ合う秋

　10月に入ると、さくら先生は空くんの3つの変化を感じるようになります。1つめは友だちとの関係の変化、2つめはカードの役割の変化、そして3つめはさくら先生との関係の変化でした。

1つめ:気の合う友だち(?)ができる

　すずらん学園には定期的に交流している保育園があります。10月下旬のある晴れた日、その保育園の年中クラスの子どもたちと一緒に、大型公園でどんぐり拾いをしました。どんぐりを拾い終えると、もといた芝生に戻ってお茶タイム。歩き疲れたのか力を抜いて座る空くん。そこに交流先の園児みのりくん(自閉スペクトラム症のお子さん)がやってきて「またあそぼうな、な!」と言ってくれました。せっかく来てくれたのに目を合わせず一見不愛想な空くん。しかしさくら先生に促されると、彼にバイバイと手を振りニヤッと笑ったのです。さらに彼のほっぺをぐにゅっと触ります。彼も空くんのほっぺを触ってきて、二人で軽くぎゅっと抱き合い、にこっと微笑み合います。なんだかよい雰囲気。友だち同士のお別れのごあいさつといった具合でした。その後、空くんはさくら先生のところにかけて行って抱きつきました。さく

ら先生に「ぼく、ごあいさつしたよ」と報告するかのような姿でした。表情はわずかに動く程度で、ほっぺを触ったのも唐突な感じがしましたが、動きを見ていると、空くんの気持ちがはじけているのがわかります。さくら先生もそれがわかって、ぎゅっと空くんを抱きしめました。

では、これ以降の交流保育で、空くんと彼がより仲良しになったかというと、目立って仲良しになったふうには感じられませんでした。積極的なかかわりはどちらからもありませんでした。けれど後にさくら先生は、このエピソード以降、学園での空くんが足の速い友だちと追いかけっこしたり、同じグループの友だちと手とつなごうとしたりと、友だちとの向き合い方が変化していったと振り返っています。

2つめ："見通しをもつためのカード"から"見守りとしてのカード"へ

9月はじめには、さくら先生がお休みの日でも自分でカードを持って歯磨きに行っていた空くん。迷ってカードを見るというより、支えとして手に持って行動しているかのようでした。10月には、カードはロッカーのカゴに入れっぱなしになりました。さくら先生にわけを聞いてみると、「つい最近、我慢の限界にな

り、カードを探さずトイレに直行したこと」がきっかけだったそうです。確かに、そんな状態ではカードを探している場合ではありません。そしてその日、トイレから戻ってくると、カードを取りに行かずそのまま歯磨きに行き、そばを通ったさくら先生に「しあげだよ」と呼びかけ、仕上げ磨きも最後までしたのでした。

ひらがなも読めるようになってきます。そこで、さくら先生は運動会練習のとき、カードに①あるく、②うた、③かけっこ、…とプログラムを書いて渡してみました。プログラムカードを作る前の運動会練習では、落ち着かなくて泣いたり、ばたばたと動いたりしていたけれど、カードを渡して確認すると、運動会の流れが少しつかめたようです。カードは気持ちを落ち着かせる役割を果たしました。

カードに運動会当日の流れがあり、それを手元に置いておけたことで、空くんは見通しをもつことができたと考えられます。しかしそれ以上にカードには、空くんの不安を少しでも和らげようとしたさくら先生の気持ちや、家で空くんに声をかけてくださったお父さんお母さんの気持ちがこもっていたのでしょう。さくら先生は、「お母さんは見ています。空くんは先生と頑張ろうね」と声をかけていました。家でも前日までお守りのよう

に持っていたとのこと。運動会当日は、お父さんやお母さんの席をときどき見に行ったけれど、自分の席に戻ってくることができました。

こうした姿をみて、さくら先生は、春のように日常的にはカードを必要としなくなった空くんの成長を喜びながらも、来春の就学を前に気持ちが揺れます。

「着替えがおっくうみたいで、ワンテンポずれたりする。遊びたい気持ちの方が強いのかな。それに、体験入学に行った日は、あれこれ気になって着替えもできなかったと聞いた。学校にあがると環境が変わってしまうし、新しい人間関係になる。身の回りのことやかかわる人が変わることをふまえると、私がいなくても受け入れられるように、カードとか、イラストとかあった方がいいのかな。本当は使いたくないけれど……。学校を意識しすぎちゃう。つい空くんに"こうしてほしい"と期待してしまう」。さくら先生としては、カード卒業を「春からしたかったこと」とうれしく思いながらも、スムーズだった日課に時間がかかるようになった空くんを見て、自分と離れた後の空くんの学校生活が心配になったようです。

心理士には、日課に時間がかかるようになったのも、「着替えたくない、遊びたい」という空くんの思いが育ち、その

思いをさくら先生に素直に出せているからではないかと思えました。一方で、さくら先生は小学校で求められるであろう行動イメージに空くんがのっていけるか、その場に自分が寄り添えない分、今何とか力をつけてあげたいと焦っているかのようでした。

そこで、最近のさくら先生と空くんの関係についてたずねてみることにしました。

3つめ：さくら先生に思いをぶつけられるようになる

さくら先生はこの頃の空くんのことを、「アピールというか、自我というか、自分の気持ちが強くなってきている」と評していました。

「言われてするのは嫌、納得いかないみたい。今日こんなことがあったんです。おまたのあたりを触っていたから、おやつだから手を洗おうねと言うと、空くんにとってはトイレに行っていないのに手洗いなんて納得がいかない。でも私が連れていったらシンクを1回蹴った。きれい好きな空くんなのに、口をへの字にして、わざと床に手をつけて汚してみたり」

いつも穏やかなさくら先生が、ちょっとむっとした口調で話し出します。

「友だちを押したりたたいたり、友だ

ちはわざとじゃなくても空くんはたたき返してしまう。春から変わっていない。友だちを呼ぶとか、声をかけるとか、広がってきたけど。おもちゃの共有はまだ難しい……」

　続けて話をしながら、さくら先生はふと思い出したように語ります。

　「でもね、この間、お気に入りの車のエンブレムの載ったチラシが朝やぶれて泣いて怒った日があったんです。全然落ち着かず、テープを貼って直しても納得いかず。空くん、なんとなく探したそうだったので、『行こうか』って声をかけたら、『新聞ないー、やぶれたー』って泣きながら歩いて、私も『破れちゃったなあ。でも1つしかないよ』っていうやりとりを何回もして。部屋に戻ったらまた泣く。『これしかないけど、直したから、カバン隠しとく?』って、最初に直したチラシを見せたら、時間かかったけど、泣きやんで、折り合いをつけた。前ならもっともっと泣き続けたのに、その日はわずか10分くらいのことでした。」

　そのあと空くんは、お着替えと手洗いをしてから、うれしそうにテープで直してもらったチラシを眺めていたそうです。

　さくら先生は語りながら、空くんの変化をしっかりとらえていきました。心理士には、空くんが、安心して怒りや悲しみをさくら先生にぶつけているかのよう

に見えました。まるで"けんかするたびに、前よりもっと仲良くなる"、そんな関係を築きつつありました。

　12月の終わりのある日、空くんは、夕方、すずらん学園に遊びに来た何園かの保育園の子どもたち数人に交じって、太鼓遊びをすることができました。予定していなかった活動でしたが、副園長先生に誘われると、隣のクラスのお友だちと2人でお部屋に入ってきて、バチを持って楽しそうにたたきます。なじみのある部屋で学園の先生がいたこともよかったのか、知らないお友だちとも一緒に太鼓をたたく空くんでした。

　予定外の活動でもにこやかな表情の空くんに、心理士も驚かされたのでした。

4. 響き合う冬

「かわいい」を連発するさくら先生

　12月末から春先にかけて、さくら先生の口からは、空くんがかわいいという発言が頻繁に聞かれました。「最近かわいかった。『空くんお着替えしますよ』って耳元でささやくと、『ふふふー』って、くすぐったい顔で喜ぶんです。お着替えも、私のそばでしたくなってきたみたいです。写真カードは全然使っていなくて、空くんの方がカゴを持って私の近くまで

来るんです。『先生と一緒にお着替えする？』って聞くと、『はーい』って」と、うれしそうに語るさくら先生。

　はたから見ていても、さくら先生のことを意識して、大好きな先生の近くにいたい、そんな願いをもっているように見える空くんでした。相手の存在を意識する姿は、さくら先生を核として、身近な大人やお友だちにも広がっていきます。

きっとこんな気持ち

　2月のある日、給食後の保育室をのぞくと、珍しく泣いている空くんがいました。同じクラスのゆり先生が、「今日からパジャマを着なくてよいとさくら先生に言われて泣いているんです」と教えてくれました。年長後期となり、日課からお昼寝がなくなったのです。

　心理士に気づいた空くんは、じっと見つめた後、自分から寄ってきてちょこんと座りました。少し手を伸ばした感じがしたので抱きしめ、「大変だったねー」と声をかけました。きっと、普段通りパジャマに着替えるものと思っていた空くん。着替えなくていいと言われてびっくりしたのではないでしょうか。しばらくそのままでいましたが、ふと顔を離して心理士の下げていたネームカードを見ます。そして、顔を見上げた後ネームカードを裏返してじっと見て、「7」と

言うので、「7ってあるね」と応じました。その後空くんはゆり先生にやさしく鼻水を拭いてもらい、オルガンの近くまで行ってまた戻ってくると、そのまま隣の部屋に入っていきました。隣の部屋にいたほのか先生も、空くんに声をかけてくれました。

　こうして空くんは、園のなかでたくさんの先生に気持ちを寄せてもらい、「今の空くんはきっとこんな気持ちだろう」と理解してもらいながら過ごしていきます。空くんも、大人のかかわりを期待し、受け入れられて落ち着くという経験を重ねていきました。お互いが相手のことを「きっとこんな気持ち」と想像できることで、人間関係にゆとりが生まれます。

友だちと遊ぶ場面が増える

　交流先の保育園のお友だちとの出会いをきっかけに、空くんの経験はより豊かになっていきます。交流があったその日、空くんはお母さんにそのことを話しました。「みのりくん遊んだー、楽しかったー、お友だち」と。それ以降、お母さんとパンケーキを食べに行ったことも、さくら先生に「お母さんとお出かけしたの？」と聞かれれば「おいしかった、こぼした」（ジュースがこぼれたそうです）と言うなど、印象的な経験を聞かれてつぶやいたり、語りかけられて喜んだりす

る姿が生まれてきます。

　園内では、隣のクラスの足の速いお友だちについて回って過ごしたり、名前を呼んだり。クラスのなかでも、空くんの方から意識してかかわろうとするお友だちが2人できました。

　気に入っているのがボール遊び。友だちのボールがほしくて追いかける空くんのところに、2〜3人の子どもたちが寄ってきます。さくら先生は、「ボール持った人がオニね」と声かけ。空くんはボールが持ちたいので、自分がボールを持ったら逃げてしまうのですが、なんとなく追いかけたり追いかけられたりして、友だちと少しの間、遊ぶ時間がもてるようになりました。

　もちろん、いつもいつもうまくいくわけではありません。3月のある日、いそいそと机にソフト積木を並べている空くん。お友だちが近づくと体を押し、まだ倒してもいないのに、「もう、倒さない！」と言ったりします。倒されてはいけないと警戒しているのでしょう。そこに別のお友だちがさっと近づき足でけり倒したのですが、今度は笑顔で「やったー」と言ってしまいます。きっと並べたら倒すつもりでいたので、倒れた状態を見て「やったー」というせりふを言ってしまったのかもしれません。ですから

同じ子に再び倒されても、またまた「やったー」と言い両手を挙げてポーズをとってしまいます。気を取り直して並べ直しますが、すぐさま同じ子が積木を倒したので、今度はついにお友だちの体を押してしまいました。

　予想した場面になると、つい、お決まりのフレーズが口をついて出てしまう、けれども本当の気持ちには後で気づく。それで、しばらく時間が経った後に"嫌だった"と感じて友だちを押してしまうのでした。

　さくら先生も、空くんの気持ちを聞いたり、注意したり、一緒に遊びに加わってお友だちとつなげたりと、あちこち忙しそうに、でもとても楽しそうに動いています。

お互いのことがわかる

　さくら先生は、こうした空くんの姿を理解しながらかかわるようになりました。空くんの発することばだけ聞いていると、何が言いたいのかすぐにはわからないけれど、さくら先生にはわかるようでした。─例えば「目」と言うので何かと思っていたら、さくら先生、「空くんにとって心理の先生の目は印象的なようです」と教えてくれたりします。─空くんも、さくら先生の声かけは心に入りこんでくるようでした。

子どものかわいさ・おもしろさをわかちあう療育実践　125

思い返せば4月に「空くんとどうかかわったらよいか」と悩んでいたさくら先生は、翌年の3月には空くんの言いたいことがわかるようになってきます。

「この間、すもうで負けて悔しかったのか泣いたんです。空くんは押したら勝てると思っていたようで、かかっていった。腰のへんねらって、相手は押し出すつもりで押してきて、空くんが枠の外に出た瞬間に、相手もしりもちをついて。空くん『ヤッター』って喜んだんです。私が、『相手はこけたけど、おすもうは線から出たら負けだよ』って言ったら泣き出して。『えっ……』って、みるみる涙目になって。それで結局、私が相手して勝ったら満足したみたいで、他のクラスの負けた子をヨシヨシなぐさめていたんです。友だちのことが気になるみたい」

さくら先生が気持ちを受け止めてくれるから、空くんも安心して自分の気持ちを出すことができ、出した気持ちをまた受け止められて立ち直っていく、そんな循環がうまれてきました。

就学に向けて

苦手な仕上げ磨きは、相変わらずさくら先生のところに来る空くんでしたが、手が離せず他の先生にしてもらうように伝えると、上の歯をほのか先生、下の歯を他のクラスの先生にしてもらったあと、さくら先生に抱きついたりするようになりました。

さくら先生から、カードをどうするかという話はあまり出なくなりました。流れを示さなくても生活の流れはわかっている、さくら先生を頼りにしながら、受け入れる人の範囲も広がってきている。こうした空くんの育ちを、クラスの職員集団や心理士と確認してきたのです。やみくもに、学校を意識して焦ることもなくなりました。代わりに、空くんとどんな遊びを楽しむかといった期待や、就学に向けての願いが語られるようになります。

「平仮名を読んだり書いたりするのが好き。英語にも興味があって、トレーナーのバックプリントもはりついて読もうとする。カードとか、カルタとかどうかなあ。字のついたカードでも遊べそう。絵カードでクイズとか。お友だちにも、甘い食べ物なーんだ、皮むいて食べるものはみかん、乗り物どーれだ、とか、空くんが言う。文字というよりやりとりができるようになってきたんです！」

「このクラスだからなじんでいる。空くんも頑張っている。成長を感じる。今は本当にかわいい。全部かわいい。通じ合えるようになった。空くんって、担任のことを大好きになる子なんです。今

までもそう。去年の担任のことも好き。だんだん、いろんな先生との関係も広がってきた。小学校にあがっても、友だちと仲良く過ごしてほしい、ことばを受け止める力があるので、わかりやすく伝えてくれる人に出会ってほしい。おもしろいお子さんですよね」。ともに育ってきたという手応えと、もうすぐお別れというさみしさから、だんだんさくら先生の目もうるうるしてくるのでした。

　そして、3月の卒園式。お父さんとお母さんの座っている位置を確認して座った空くん。園長先生から名前を呼ばれると、「はい」とよい声で返事をして、「にこにこ」と言います。見ると、スクリーンには、ほっぺに手をあててにこにこ笑顔でいる空くんの写真が映し出されていました。なんてぴったりなことばなのでしょう。空くんは、とびっきりの笑顔を残して卒園していきました。

発達検査──実践の振り返りと引き継ぎ
　3月末の検査時、空くんは6歳1か月、【認知・適応】領域は4歳2か月、【言語・社会】領域は3歳4か月、【全領域】が3歳9か月でした。前年5月の検査時と比べると、それぞれ1年以上の伸びがみられます。さくら先生も空くんの伸びは実感しており、"検査結果にも表れるん

ですね"と感想をもらしていました。しかし、数値以上に変化が感じられたのは空くんの相手への向き合い方でした。課題に取り組むなかで、戸惑ったときにはさくら先生をみて「何？」と助けを求めます。また、相変わらず道具が提示されると扱いたい気持ちがはやるところはありますが、〈3個のコップ〉では検査者の提示を待ってカップに手を触れました。視線は合わせませんが、笑顔がみられます。やりとりを楽しもうとする空くんの気持ちが感じられました。〈形の弁別Ⅱ〉でもカードと図版の図形を重ね合わせたいというマッチングの衝動にかられつつ、指さしをして応えてくれました。これは、〈トラックの模倣〉においても同様でした。検査者のモデルに積みかけますが手元に積み直します。苦手な問答課題でも、ふらふらと体を揺らしますが、検査者に応えようと一生懸命。〈了解Ⅰ〉は、質問文を繰り返しながらも、「おなかがすいた、おなかが痛い」「眠いときにはどうしたらいいですか？　おやすみー、ふふー」など、思いつくことばを並べてどうにか心理士に応じようとしてくれました。検査道具の扱い方や、相手とのやりとりに「間」（木下、2016）がもてるようになってきました。
　前回の検査と同様パターン的な言い回しや、マッチング的反応は強いと考え

られますが、自分の行動の結果を相手に受け止めてもらうなかで、喜んでもらえるという期待感ももっていると思われました（例「いいねー」「じょうず」などの相手から受け止めてもらったときのことばを操作完了時ににこやかに言うことが多い）。

さくら先生との最後のカンファランスでは、相手との関係が開かれつつある姿を大切にし、しかしパターンに陥らないように（「〜します」と言えば「はい」と返事をしてしまうことだけが強固にならないように）かかわっていきたい。物にひかれると間がもちにくい姿もみられるが、自分なりに区切りがつくと応じることもある。また、療育場面で「いやだー」と言ったり、今回のように検査への誘いかけに「行かない」と拒否できる力も蓄えてきている。空くんなりの思いを受け止め、選んだり、拒否したりできるよう、こちらが選択肢を提示するばかりでなく、空くんがつくり出したりする活動を保障していきたい。こうした点を確認していきました。

おわりに
保育者と一緒に子ども理解を深めるおもしろさ

年長児クラスとなった空くんの1年間、さくら先生は障害からくるしんどさに寄り添いつつ、空くんの楽しさを見つけ、わかちあい、伝えあう関係性をめざして実践をつくってきました。心理士は、さくら先生と一緒に空くんの発達の力を見立て、先生にたずねながら実践のそばにいました。両者がどのように協力し合ったのか、振り返ってみます。

1. 空くんの育ってきた力を確かめ合う

年長クラス5月の発達検査では、先述したように、発達年齢が【認知・適応】が3歳0か月、【言語・社会】が2歳4か月、【全領域】2歳8か月でした（検査時5歳3か月）。提示される玩具に対しての「間のもちにくさ」がみられた一方で見立て遊びに応じる、セリフ調だが場に合ったことばを言うなど、相手と活動を共有する力の育ちがみとめられました（1歳半ころみられる力の育ち）。赤木和重さんが指摘しているように、通常であれば1歳半頃、応答的コミュニケーションとマッチング反応とが同時期に成立しますが、自閉症児の場合、応答的コミュニケーションが弱いまま、マッチング反応が先行して成立します（赤木、2009）。空くんの場合も、視覚的認知が先行して発達し、マッチング反応が強いという特徴をもっていました。そのため、過去の検査場面でも、玩具を手に

するとすぐに操作したがったり、カード
を検査者からもぎとり一方的に命名した
りする姿がありました。しかし療育者が
３年間楽しい遊びを通して空くんとの関
係をつくってきたことで、マッチング反
応の強さはありつつも、人とやりとりす
る心地よさを感じ、先生や友だちを求め
る心が育ってきました。自分の意図が通
らなかったり、思い通りにいかなかった
り、予想しなかった場面に出会っても、
先生や友だちを頼りに気持ちを立て直
したり、遊びに加わったりしていきます。
気持ちは揺れつつも、自分なりの思いを
ふくらませていきました。

　そこでは、空くんなりのマッチングや
言い回しなどのパターン、好きな遊び方、
空くんが心地よいと思える距離感などが
尊重されていました。先生たちがいつか
一緒に遊びたいという願いをもちながら
も、決して無理強いはしなかったことが、
空くん自身が落ち着き、落ち着いたから
こそ周囲に目を向けていくという主体的
な発達のプロセスを保障したのではない
でしょうか。その時期らしさや芽生えつ
つある発達の力をていねいに見極めるこ
とと同時に、あたたかな大人のかかわり
と心地よい仲間の存在があったことが、
空くんの育ちを豊かにしたと言えるで
しょう。

2. ことなる視点を出し合い
　実践をふくらませる

　今回の実践検討は、さくら先生（心
理士の質問に答え、また実践のねらい
を教える役。また心理士の質問を通し
て自らの実践から距離を取る役）と心理
士（実践に学びつつ気になったことを質
問したり、発見を伝えたりする役）との
やりとりを通して行ってきました。

　日々の生活の場にいる保育士と、とき
どき施設を訪れる心理士とでは、空くん
にかかわっている密度も、時間感覚も違
います。実践上湧き上がる疑問に、空く
んの育ちを中心にすえ、"すぐに答えは
出ないから一緒に探る"というやり方を
とってきました。空くんの理解を進める
ため、発達検査も実施しました。しかし、
検査はその時点での見立てです。見立
てが実際どうだったかは、多くの場面を
知っている療育者からの聴き取りと、そ
の後の育ちを見るなかでわかってきま
す。保育士と心理士がそれぞれの見方
を提案し合うことで、お互い見立てを深
めるという作用が生まれました。年度末、
さくら先生は心理士とのやりとりを振り
返って次のように話してくれました。

　「"カードをどう使うかだけでなく、
カードが必要な場面は不安なときかもし
れない、だから人を支えにしたい"とい

子どものかわいさ・おもしろさをわかちあう療育実践　129

う考えは、私の視点だけでは出てこな
かったから、そうかもしれないと思いま
した。ときどきこうして語るなかで、考察
して見方に気づけるところが多かった。
ふだんは考えきれぬまま過ぎていること
も多い。深めていくことって大事。空く
んのことは、日々の流れのなかで受け止
めて向かい合えている自信があるけれ
ど、こうして語り合ってみると勉強にな
ります。」

　近藤直子さんは、「保育士は毎日の文
脈のなかで生活しているからあまり意識
していないことでも、『なぜそれをした
んですか?』と聞かれて子どもと保育の
振り返りが可能となる。その文脈に巻き
込まれていない人が聞いて気づくことに
意義がある」とある研究会で発言して
います。

　空くんとさくら先生の日常に、非日常
の心理士が加わることで、日常がより豊
かに見えるようになった、この協働作業
にそんな意義があったとしたらこれほど
うれしいことはありません。

　そして、今回の実践を通して、心理
士として学んだことが2つあります。

3.「気持ちを寄せる」ことが
　子ども理解の本質

　今回、空くんとさくら先生の1年間に

加えてもらいながら、さくら先生ご自身
の変化に驚きました。それは子どもが理
解されていく、子どもと先生とが結びつ
いていくプロセスでした。お互い様子見
の春、お互いのことがちょっとわかって
くる夏、わかるから双方で格闘する秋、
お互いの気持ちがわかり、愛おしくなる
冬。こうした変化は、春から夏にかけて、
わかり合えないもどかしさを抱えつつ粘
り強くかかわったからこそ生まれたよう
に思えました。担任の「この子の気持ち
をわかりたい」という願いは、子ども理
解の原動力となっていました。

4.　子どもにとっての意味は時間の
　　経過とともにみえてくる

　こうしてあらためて育ちを追ってみる
と、自閉症児者の表現の独特さにかか
わる次のような指摘に納得します。例え
ば別府哲さんは、自閉スペクトラム症の
人のオウム返しや表情、淡々とした口調
などの表現がユニークなときがあるとし
(別府、2018)、三木裕和さんは自閉症
の子どもが遊びに加わるとき、①ストラ
イクゾーンが狭い、②楽しそうなときに
楽しそうな表情をしない(こちらが把握
しにくい)、③反応にタイムラグがある、
④感覚の過敏さがある、という4つの特
徴をあげています(三木、2015)。その
ため、かかわる側が自閉症児者を理解

する難しさがうまれます。実際、日常的にかかわっていても、一つひとつの行動の意味がその場でわかりにくいことがあります。けれど、子どもとやりとりしたり、仲間内で検討したりと場面を重ね、経過を追うなかでその子にとっての意味がみえてきます。別府さんも述べているように、自分の気持ちを理解してもらうと、その相手の気持ちを知りたくなる気持ちは誰もがもっています。その積み重ねのなかで、確かに気持ちを通わせ合うことができます（三木さんはこれを「わかってもらった経験の大切さ」として指摘し、就学後の子どもの育ちの支えになると述べています）。子ども理解が難しいときほど、経過を追い、場面を重ねていくことは、簡単ではなく、ましてや一人ではできません。特に、その場で目に見えた行動変容を求められる場合はさらに困難さが増します。だからこそ、子どもとかかわる保育士にも、心理士にも、たくさんの仲間がいることが重要です。一人の子どもの育ちを、仲間とともにつながり合って考え合うことの意味がここにあると考えます。

本稿は2017年に臨床発達心理実践研究にて発表した論文をもとに加筆修正したものです（原典　内藤綾子・田丸尚美・別府悦子、2017、障害幼児の発達支援におけるコンサルテーションを通して）。執筆にあたり、掲載をご快諾くださった空くんのご両親をはじめ、療育施設の皆様、別府悦子氏、田丸尚美氏に感謝いたします。

【文献】

・赤木和重（2009）自閉症の発達的理解と発達診断―発達的に1歳半頃に焦点をあてて　白石正久・白石恵理子編『教育と保育のための発達診断』全障研出版部
・別府哲（2018）自閉スペクトラム症児者の心の理解　みんなのねがい No.623　全障研出版部　12-15
・木下孝司（2016）「1歳半の節」に関する発達心理学的検討　障害者問題研究 44, 90-97
・近藤直子ら編著（2005）『新版テキスト障害児保育』全障研出版部
・近藤直子（2015）『"ステキ"をみつける保育・療育・子育て』全障研出版部
・近藤直子（2017）『子どものかわいさに出あう―乳幼児期の発達基礎講座』クリエイツかもがわ
・三木裕和（2015）平成27年度 鳥取市 公開療育における講演
・小渕隆司（2015）視覚優位の特性形成プロセスと新しい実践にむけて　みんなのねがい No.586　全国障害者問題研究会

あとがき

　教育目標・教育評価は本来的に、子ども、保護者、教師のすべてを励ますもので
なければならない。私たちはこの研究を通して、常にそのことを念頭に置いてきた。
　近年の障害児教育では、客観的で測定可能な外形的変容によってのみ、教育の
成果が語られやすい。それは一見、科学的な装いをもつものであるが、結果として
「子どもが変わる」ことだけが求められる。「結果がすべて」という粗暴な価値観が
学校を被うにつれ、教師たちの疲弊感は募るばかりだ。
　教育という営みは、子どもの真実を発見することで、教師自身も成長するという
側面をもっている。「ああ、この子はこんなことを願っていたのだ」という発見は、
深い海の底から宝物をすくい上げるように、教育の喜びを味わわせてくれる。
　子どもは自らの人間的欲求を教師によって発見され、または、教師とともに自ら
発見することで、自身の価値を知り、人間社会に対する信頼を深める。この営みは
要領よく達成されることもあるが、多くの場合、紆余曲折を経た長い道のりを求め
るものだ。その試行錯誤のプロセスを支えるのは訓練ではなく授業であり、強化子
ではなく教材の魅力である。人類が蓄積してきた文化、芸術、科学に子ども自身が
出会い、働きかけ、自らを変革する過程で新たな自己に出会う。それが教育である。
　私たちが教育評価（Educational evaluation）という場合、子どもの知的発達、
学力、行動がどう変化したかを評定する側面はもちろん重要であるが、教師集団が
自らの教育実践を振り返り、そこにどのような価値を見いだすかという側面こそが
不可欠的に重要だと考える。それを通して、教師は子ども理解を深め、教育目標の
価値を問い直し、教育課程の再生産を志向する。学校が前進する根源的な力はそこ
にある。

　OECDは、1.社会・文化的、技術的ツールを相互作用的に活用する能力、2.多様
な社会グループにおける人間関係形成能力、3.自律的に行動する能力、からなる
キー・コンピテンシー（人間の主要な能力）を定義したが、わが国の教育政策はこ

の資質・能力論に大きな影響を受けている。

　かなり高度な知的能力を前提としたキー・コンピテンシーであるが、国立特別支援教育総合研究所の研究報告は、「これからの21世紀を生きる子供たちに求められる育成を目指す資質・能力は全ての子供に求められるものであり、知的障害教育もこの方向性に沿って、教育実践を更に深化させていかなければならない」とし、「目前の状況に対して特定の定式や方法を反復継続的に当てはまることができる力だけではなく、変化に対応する力、経験から学ぶ力、批判的な立場で考え、行動する力」[1] が望まれるとする。

　一方、文部科学省初等中等教育局特別支援教育課は学習指導要領改訂の解説論文において、「知的障害のある児童生徒の学習上の特性としては、学習によって得た知識や技能が断片的になりやすく、実際の生活の場面の中で生かすことが難しいことが挙げられる。（中略）抽象的な内容の指導よりも、実際的な生活場面の中で、具体的に思考や判断、表現できるようにする指導が効果的である」[2] という従来からの考えを踏襲し、知的障害の制約を強調している。

　ここには、資質・能力論において知的障害をどのように位置づけるのか、その理論的混迷、もしくは逡巡が見られる。にもかかわらず、この逡巡をまるで意に介さないかのように、教育現場のトレンドは明瞭に訓練主義的である。「特定スキルの反復継続学習」、「職業検定」の全国展開が進んでいる。新学習指導要領が学校現場で展開される段階において、この理論と実践の二律背反的な混迷はさらに深くなることが予想される。

　私たちの研究が時代を切り開くものになっていることを切に願いながら、本書のあとがきとしたい。

　末筆になりましたが、発行に至る過程が容易でなかったときも、焦ることなく励ましてくださったクリエイツかもがわの伊藤愛さんに心からの感謝と敬意を表します。

編集者、執筆者を代表して　三木　裕和

1）国立特別支援教育総合研究所、知的障害教育研究班平成27―28年度基幹研究「知的障害における『育成すべき資質・能力』を踏まえた教育課程編成の在り方―アクティブ・ラーニングを活用した各教科の目標・内容・方法・学習評価の一体化―」
2）文部科学省初等中等教育局特別支援教育課「知的障害者である児童生徒に対する教育を行う特別支援学校の各教科等の改訂の要点」、特別支援教育67号、2017年

編著者（50 音順、●は編集担当）

障害児教育の教育目標・教育評価研究会

赤木　和重（あかぎ　かずしげ）神戸大学大学院人間発達環境学研究科

大島　悦子（おおしま　えつこ）大阪市立小学校

大宮ともこ（おおみや　ともこ）日本福祉大学スポーツ科学部

木澤　愛子（きざわ　あいこ）滋賀県立甲良養護学校

黒川　陽司（くろかわ　ようじ）神戸大学附属特別支援学校

●越野　和之（こしの　かずゆき）奈良教育大学教育学部

西堂　直子（さいどう　なおこ）神戸大学附属特別支援学校

内藤　綾子（ないとう　あやこ）鳥取市こども発達支援センター

別府　哲（べっぷ　さとし）岐阜大学教育学部

●三木　裕和（みき　ひろかず）鳥取大学地域学部

吉岡智奈里（よしおか　ちなり）社会福祉法人あみの福祉会

自閉症児・発達障害児の教育目標・教育評価 2
「行動障害」の共感的理解と教育

2019 年 8 月 31 日　初版発行

編著者　ⓒ 三木裕和、越野和之、障害児教育の教育目標・教育評価研究会
発行者　田島　英二　info@creates-k.co.jp
発行所　株式会社 クリエイツかもがわ
　　　　〒601-8382　京都市南区吉祥院石原上川原町 21
　　　　電話 075（661）5741　FAX 075（693）6605
　　　　ホームページ　http：//www.creates-k.co.jp
　　　　郵便振替　00990-7-150584
印刷所　株式会社モリモト印刷

ISBN978-4-86342-268-1 C0037　　　　　　　　　　　　　　　　printed in japan

好評既刊

希望でみちびく科学 　障害児教育のホントのねうち
三木裕和／著

"できる" って何だろう。実践を通して子どもと向きあう中から、発達的価値と客観的に評価できる発達とは何かをさぐる。　　　　　　　　　　　　　　　　　　　　　　　　　　　　　　2000円

発達障害と向きあう　　　　　　　　　　　　　　　　　　　　[2刷]
子どもたちのねがいに寄り添う教育実践
青木道忠・越野和之・大阪教育文化センター／編著

集団の中で発達する子ども観が貫かれ、どの子にも安心と自由が保障される教育がここに。アスペルガー障害、高機能自閉症、LD、ADHDなど、発達障害のある子どものねがいに迫る教育。　1800円

療育って何？　　親子に笑顔を届けて
近藤直子・全国発達支援通園事業連絡協議会／編著

障害を診断される前のゼロ歳の時期から「育てにくさ」をもつ子どもと家族を支える大切さと、取り組みを親、OT、PT、保育士、事業所、行政それぞれの視点から紹介。　　　　　　　　1700円

子どものかわいさに出あう　　乳幼児期の発達基礎講座
近藤直子／著

発達とは何か、乳児から幼児になる1歳半の節、2歳から3歳の自我のめざめ、4、5歳のこころの育ち、4つの講座で学ぶ発達の基礎。できる自分とできない自分の間の揺らぎ、子どもの「イヤ」に秘められた心の育ちを知ったとき、子どもがかわいく見えてくる。　　　　　　　　　　　　　　　　1200円

青年・成人期 自閉症の発達保障　　ライフステージを見通した支援
新見俊昌・藤本文朗・別府哲／編著

壮絶な強度行動障害とたたかいながら、絵から粘土の世界へと発達を続ける感動の記録と、就労保障、高機能自閉症の発達と支援のポイント、医療、自閉症研究の到達点と課題を明らかにする。　　2000円

花咲き夢咲く桃山の里　　地域と歩む障害者福祉
社会福祉法人あみの福祉会／編著

1985年、丹後地域で5番目の施設として「あみの共同作業所」がスタート。あらゆる障害のある人たちが地域であたりまえに働き、暮らす取り組みを、ゆっくりとあきらめずに続ける。　　　2000円

ユーモア的即興から生まれる表現の創発
発達障害・新喜劇・ノリツッコミ
赤木和重／編著　砂川一茂、岡崎香奈、村上公也、麻生武、茂呂雄二

ユーモアにつつまれた即興活動のなかで、障害のある子どもたちは、新しい自分に出会い、発達していく。「新喜劇」や「ノリツッコミ」など特別支援教育とは一見関係なさそうな活動を通して、特別支援教育の未来を楽しく考える1冊。　　　　　　　　　　　　　　　　　　【DVD付】2400円

実践、楽しんでますか？　　発達保障からみた障害児者のライフステージ
全国障害者問題研究会兵庫支部・木下孝司・川地亜弥子・赤木和重・河南勝／編著

発達保障をテーマにした、乳幼児期、学齢期、青年・成人期、3つのライフステージでの実践報告と、3人の神戸大学の研究者の解説＆講演、座談会。　　　　　　　　　　　　　　　　　2000円

［本体価格表示］

自閉症児・発達障害児の教育目標・教育評価1

子どもの「ねがい」と授業づくり

仲間の中で文化にふれて、子どものねがいはあふれ出す。そのエネルギーをどうとらえる。本書とあわせて読みたい一冊。

A5判140ページ
本体1400円+税

三木裕和、越野和之、障害児教育の教育目標・教育評価研究会の本

序章●教育の自由を求めて闘おう
　原田　文孝（元兵庫県立いなみ野特別支援学校）

特論●自閉症・発達障害教育と教育目標・教育評価
　その論点と課題
　越野　和之（奈良教育大学）

実践●性教育の授業でこころを開く
　高等部3年間を振り返って
　岡野　さえ子（山口県立萩総合支援学校）

実践●みんなで読む民話『おだんごぱん』
　小学校特別支援学級の「ことば」の授業づくり
　篠﨑　詩織（奈良教育大学付属小学校特別支援学級）

実践●地域を学び、地域に学ぶ
　理科／社会科「わたしたちのくらしとしごと」の実践から
　石田　誠（京都府立与謝の海支援学校）

実践●自閉スペクトラム症青年がつむぐ人間関係
　高等部専攻科の「お笑いコント」づくりを通して
　澤田　淳太郎（鳥取大学附属特別支援学校）

実践●教育実践と発達診断
　小川　真也（特別支援学校）

実践報告の解説とコメント
　自閉症の子ども・青年と授業づくり
　川地　亜弥子（神戸大学）

特論●人とのつながりのなかで育まれる
　自閉症児の発達へのねがい
　寺川　志奈子（鳥取大学）

特論●青年期の発達を保障する学びのあり方
　國本　真吾（鳥取短期大学）

障害のある子どもの教育目標・教育評価
重症児を中心に

「客観性」「測定可能性」「成果」を、研究者と実践家が様々な角度から鋭く論考。

A5判196ページ　本体2000円+税

好評既刊